新教师职业发展丛书

XINJIAOSHI
ZHIYE FAZHAN
CONGSHU

# 成功教师的
# 成功策略

本书编写组◎编
石 柠 于 始 董倩超◎编著

## CHENGGONG JIAOSHI DE
## CHENGGONG CELÜE

高素质的教师不仅应该是有知识、有学问的人，而且还必须是有道德、有理想、有专业追求的人，不仅是高起点的人，而且是终身学习、不断超越自我的人；不仅是专业学科领域的专家，而且是教育科学的专家。

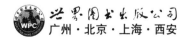

世界图书出版公司
广州·北京·上海·西安

**图书在版编目（CIP）数据**

成功教师的成功策略／《成功教师的成功策略》编
写组编 . — 广州：广东世界图书出版公司，2010.4（2024.2重印）
ISBN 978－7－5100－1959－3

Ⅰ . ①成… Ⅱ . ①成… Ⅲ . ①教师－工作－研究
Ⅳ . ①G451

中国版本图书馆 CIP 数据核字（2010）第 050060 号

| | | |
|---|---|---|
| 书　　名 | 成功教师的成功策略 | |
| | CHENG GONG JIAO SHI DE CHENG GONG CE LÜE | |
| 编　　者 | 《成功教师的成功策略》编写组 | |
| 责任编辑 | 冯彦庄 | |
| 装帧设计 | 三棵树设计丁作组 | |
| 出版发行 | 世界图书出版有限公司　世界图书出版广东有限公司 | |
| 地　　址 | 广州市海珠区新港西路大江冲 25 号 | |
| 邮　　编 | 510300 | |
| 电　　话 | 020-84452179 | |
| 网　　址 | http://www.gdst.com.cn | |
| 邮　　箱 | wpc_gdst@163.com | |
| 经　　销 | 新华书店 | |
| 印　　刷 | 唐山富达印务有限公司 | |
| 开　　本 | 787mm×1092mm　1/16 | |
| 印　　张 | 13 | |
| 字　　数 | 160 千字 | |
| 版　　次 | 2010 年 4 月第 1 版　2024 年 2 月第 4 次印刷 | |
| 国际书号 | ISBN　978-7-5100-1959-3 | |
| 定　　价 | 59.80 元 | |

# 光辉书房新知文库
# "教师职业发展"丛书编委会

**主　编：**

王利群　解放军装甲兵工程学院教授

杨树山　中国教师研修网执行总编

周作宇　北京师范大学教授、教育学部部长

陈　宇　北京大学中国职业研究所所长、教授

**编　委：**

李功毅　原中国教育报副总编

殷小川　首都体育学院心理教研室教授

过剑寿　北京市教育考试院

张彦杰　北京市教育考试院

魏　红　北京师范大学教务处

樊　琪　上海师范大学教授

肖海雁　山西大同大学心理系主任，教授

刘永明　北京师范大学继续教育与教师培训学院　副研究员

刘艳茹　北京市顺义区教育研究考试中心，中学高级教师

刘维良　北京教育学院教育学教授

石　柠　北京光辉书苑教育中心研究员

**执行编委：**

孟微微　张春晖

"光辉书房新知文库"

总策划/总主编:石 恢

副总主编:王利群 方 圆

**本书作者**

石 柠 于 始 董倩超

# 序：教师职业发展的终生要求

20世纪60年代中期以来，许多国家对教师"量"的急需逐渐被提高教师"质"的需求所代替，对教师素质的关注达到了前所未有的程度。进入本世纪以后，教师专业化已经成为世界性的潮流。高质量的教师不仅被要求是有知识、有学问的人，而且还必须是有道德、有理想、有专业追求的人；不仅是高起点的人，而且是终身学习、不断自我更新的人；不仅是专业学科领域的专家，而且是教育科学的专家。

教师这个职业尽管非常普通，但却又具有非常特殊的意义。

首先，教师这个职业所面临的对象，是活生生的人，而不是无生命的物质，是正在成长中的儿童青少年。教师的职责就在于，把未成年人培养成为社会所需要的、有鲜明个性的人才。虽然以人为工作对象的职业很多，比如医生、律师等，但他们服务的时间很短，服务内容也很有限。可是教师不一样，他的工作对象众多，服务时间相对较长，服务内容广泛、全面。

其次，教师以自身作为教育手段来实施教育。教师自己的知识、经验、人格、素养，就是对学生进行教育的材料，更是教育学生的手段，离开了教师这一最生动的教育手段，其他的手段，即便再先进，其教育的效果也要大打折扣。古往今来，对教师这一职业都具有双重的要求，即"教书育人"。孔子十分重视师德修养，他说："其身正，不令而行。其身不正，虽令不从""不能正其身，如何正人？"随着社会的发展，教师不仅要"传道、授业、解惑"，而且要"身正垂范"。教师的言传身教对学生的学习、品德和行为的发展起着重要的作用。换句话说，教师是学生最直接的学习与生活的模范和榜样。一个优秀的教师往往是学生崇拜和模仿的对象，他的思想、品行、情感、意志力、人格特征对学生会产生潜移默化的影响，甚至直接影响学生将来的发展。

再次，教师担任学生保健医生的角色。目前，素质教育要求全面提高学生的思想道德、文化科学、劳动技能和身体心理素质，促进学生全面健康地发展。而在学生的整体素质中，心理素质本身占有重要的地位，心理素质的好坏影响着其他素质的发展和提高。因此，教师作为教育活动的组织者和实施者，还担负着学生心理健康教育的重任。

最后，教师是一个需要终身发展的职业。随着社会的发展，特别是科学技术与信息技术的迅猛发展，教师职业将处于不断变化和发展之中，那种一旦成为教师就可以一劳永逸的思想与时代的发展越来越不相吻合，教师职业已经成为终身发展的过程，社会的发展需要教师不断地自我更新知识。教育家吕型伟曾说过："教育是事业，事业的意义在于献身；教育是科学，科学的价值在于求真；教育是艺术，艺术的生命在于创新"。他的这番话道出了教师职业终身发展过程的本质。

总之，教师要合格地履行自己的专业角色，就必须具备良好的专业品质和素养，关注自己的职业发展。抓住机遇，迎接挑战，是每一位教师必须面对的重要问题！

本丛书编委会

# 前　　言

师者，传道授业解惑也。教师被誉为这个世界上最为光荣的职业——人类灵魂的工程师。有人说："合格的教师看专业知识，优秀的教师看人格魅力，成功的教师看其教育理念。"做一名合格的教师，是对每一个教师的基本要求，要成为优秀的教师则不是每一个人都能做到的，但要成为一个成功的教师，则更为困难。

要成为一名成功的教师，首先要是一名合格的教师。一个合格的教师首先要有扎实的专业知识，有为人师表的基本素养。只有先做好一名合格的教师，才能有成为成功的教师的可能性。

要成为一名成功的教师，就要有爱心，他带给学生的也必然是爱的教育——对学生的关爱，对学生的尊重，对学生的宽容。伟大的教育家孔子说："爱之，能勿劳乎？忠之，能勿诲乎？"也就是说，教师关爱学生，他就会无怨无悔地付出辛勤的劳动。有这样的一个故事，一个母亲，每次参加家长会，老师都对她的孩子表示不满，但这个母亲回家以后，每次都称赞自己的孩子。在母亲的鼓励下，这个孩子最后考上了清华大学。老师和母亲之间的差别，就在于有没有对孩子的关爱。这也印证了教育家夏丏尊的话"没有爱就没有教育"。英国的罗素告诫我们："凡是教师缺乏爱的地方，无论品格还是智慧都不能充分地或者自由地得到发展。"倘若不是母亲对爱迪生的爱，世界上就少了一个发明家，照亮世界的电灯也许要推迟许多的年月。

要成为一名成功的教师，还应该有良好的师生关系，在尊重学生的同时，也换来学生对自己的敬爱。尊重是双方的、对等的，如果我们要得到学生的尊重，首先要学会尊重学生。当你学会对学生微笑的时候，当你弯下腰去跟学生交谈的时候，当你让学生坐着跟你说话的时候，当你为学生捡起笔和橡皮的时候……这就是学生对你尊重的开始。教育是培养健全人格的工作，如果我们不懂得这一点，我们的教育将会失去它的本质的意义。苏霍姆林斯基在《要相信孩子》中说："尊重在影响学生的内心世界时，不应挫伤他们心灵中最敏感的一个角落——自尊心"，这就是对我们最忠诚的劝告。

要成为一名成功的教师还要有广阔的胸怀，能够宽容学生的过失和缺点。许多老师对学生求全责备，恨铁不成钢，除了对学生缺乏了解，不能全面发展地看待学生外，还缺乏一种宽容和大度的心胸。所以，当我们面对学生的缺点、过失甚至错误的时候，在与原则不相抵触的前提下，我们不妨多一分宽容和大度。正如苏霍姆林斯基："每一个决心献身教育的人，应当容忍学生的弱点。"

要成为一名成功的教师，还要具备学识魅力，让学生佩服你的学识，敬仰你的才华。"学高八斗，学富五车"是古代对知识分子学识渊博的高度评价。作为现代的教师，也许不是每个都能够达到这种水平和境界，但对专业知识的精通则是教师的基本要求。试想一下，当你自己是一个学生的时候，对一个连专业知识也仅仅是一知半解的老师，你对他将会是怎么样的态度？尤其在信息发达的时代，我们不仅要做到专业知识渊博，还要视野广阔，做到博闻强识，对青少年的文化有所了解，这样才能跟上时代的步伐，才能与学生有共同语言。正所谓"教师必须是学习共同体的成员，在成就学生的同时，也应成就自己。"

要成为一名成功的教师，还应该具有优雅的形象魅力。"为人师表"，我们很多时候更多的是从道德和学识方面去理解对教师的要求，但事实上，得体的衣着；准确而规范，生动而幽默的语言；自然而亲切，丰富而不呆板的表情；优雅而有风度的姿态，这些也是为人师表的应有内涵。试想，课堂上面对这样的一个老师，作为学生，怎么不会感到心情舒畅，精神焕发呢？

要成为一名成功的教师还应该具有成功的魅力。教师的主阵地就是课堂教学，成功的教师，他的课堂教学必须是成功的，必须能够培养出优秀的学生，或者能将差生转化过来的。

要做一名成功的教师，最重要的是具有人格魅力。古今中外的教育家，无不认识到人格魅力在教育中的重要作用，或具崇高的人格。现代教育家陶行知的"捧着一颗心来，不带半根草去"，是他钟情于教育的反映，也是他伟大人格的体现；乌申斯基则更为明确地告诉我们："只有人格，能影响人格的发展和形成。""以人格培养人格是最简单，最明了，最有效的教育方法。"

一名成功的教师其个人事业、家庭和孩子应该都能得到较好的发展。作为教师，不能只会教书而不会发展自己的事业，教是为了不教，在教育教学的同时还要对自己的教育事业有所思考，要有科研的意识。教师作为一个普通人，还应该会享受生活，还要能顾及家庭。如果只会教书而不会经营自己的事业，如果只会工作而不会生活，这个教师是称不上一个成功的教师的。

本书将会介绍如何成为一名成功的教师，成功教师的成功策略将帮你改善你现有的工作、生活状态，给你带来耳目一新的感觉，让你重新体验教师的职业魅力。

编　者

Contents 目 录

# 第一章　成功教师实例

　　教师是"人类灵魂的工程师"，是"阳光下最灿烂的职业"。这是人们对教师的礼赞，也是对教师职业的歌颂，更是世人对教师的一种良好祝愿。

　　教师的职业像大多数职业一样，是普通的，但相对其他职业来说也有其特殊的地方。教师的职业不仅是社会的需要，更肩负着未来的重任。

　　当你走上教师这个职位的时候，就要去努力扮演这个角色，向成功的方向迈进，做一名成功的教师。

　　一个成功的教师，应该是一个火种播撒者，是一个在渴求知识的心田里的播种者。播撒的知识越多，野蛮与荒芜也就越少，文明与繁华也就越多。

　　纵观我国教育的发展历史，有数不清的杰出教育工作者，他们用生命去书写这份光荣的职业，在不断探索中总结教育经验，在教育改革实践中形成自己的教育思想。他们有的人已经定格在教育史上，有的人依然在这个岗位上奋斗着。他们这种为教育事业献身的精神和多年教育经历积累下的经验，是值得我们每一个

1

教师去学习的。

## 第一节　我为什么要当教师——彼得·基·贝德勒

不管是最伟大的道德家，还是普通的老百姓，都要遵循这一准则，无论世事如何变化，也要坚持这一心念。它就是，在充分考虑到自己的能力和外部条件的前提下，进行各种尝试，找到最适合自己做的工作，然后集中精力、全力以赴地做下去。

——约翰·密尔

教师其实是一份表面看似轻松、风光无限的工作，而事实上却很容易让人身心疲惫。即便如此，还是有很多人选择了这个职业，他们其中有人成了著名的教育家、学者，有人成为名师，还有人一直在自己的工作岗位上默默无闻地努力工作着，那么到底是什么力量促使他们选择这份职业而终身无憾呢？让我们一起来看一下彼得·基·贝德勒的这篇文章——《我为什么要当教师》：

你为什么要当教师呢？当我的朋友问我这个问题时，我告诉他我不想被认为是处于达官显贵的这样一个境地。使他迷惑不解的是，我所抛弃的显然正是所有的美国孩子自幼一直被教导去追求的人生成功之路：金钱和权利。

我当然不想当教师，因为教师对我来说简直太难了。在我妄想赖以谋生的所有职业中，像推土机手、木匠、大学管理人员、作家——当教师是最难的了。我从未对自己的备课满意过，上课的前一天晚上我总是准备到深夜。我走进教室的时候永远是最紧张的，生怕又会被发现犯了傻。当我走出教室时，可能又被认为上了一堂比以前更令人乏味的课。

我不想当教师，因为我认为我总是知道答案，或者我总想把我所知道的那些知识强让我的学生去接受。有时我简直怀疑我的那些学生真的在课堂上把我所教给他们的都记下了吗？

那么，我为什么还要当教师呢？

我要当教师，因为教学永远是一个变化无穷的工作。甚至当我的教材是同样的，我也总是改变着教学方法，我的学生总是在变化。

我要当教师，因为我喜欢有出错的自由，有吸取教训的自由，有激励我自己和我的学生的自由。作为一个教师，我就是我自己的老板。即使我要求我的一年级新生去编一本如何写作文的教科书，谁又敢说不呢？这样的课程可能会完全失败，但我们能从失败中学到些什么。

我要当教师，因为我喜欢提出那些学生必须尽力思索才能回答的问题。在教学中，我有时有意回避那些正统的提问。

我要当教师，因为我喜欢学习。确实，我之所以感到我的教师生涯还颇有活力，是因为我总是不断地学习。我人生事业中最重要的发现之一，就是我之所以是最好的教师，不是因为我懂得

多，正相反是我酷爱学习。

我要当教师，因为我能设法将我自己和我的学生从象牙塔式的传统封闭式的学习中解脱出来而走进外面真实的世界。

我要当教师，因为……教学给了我前进的步伐，多变的人生和挑战以及不断的学习机会。

尽管如此，我还是忘了我说当教师的最重要的理由。

我的第一位博士生名叫维姬。她是一个十分有能力的年轻人，她一度由于未能通过文学课而使她申请奖学金受挫。但她勤奋不懈地研究撰写了一篇关于一位鲜为人知的十四世纪的诗人的论文。她终于完成了论文，并将它寄到著名的杂志予以发表。除偶尔请教了我几次，这几乎完全是由她自己完成的。当她完成了论文，通过了论文答辩，获得了一份工作，并且赢得了哈佛大学的一笔奖学金用于将其论文写成一部专著时，使我感到欣慰的是，作为我的学生，她茁壮地生根、发芽成长起来了。

……

还有一位学生名叫吉娜。她曾一度辍学，但她的同学把她找回来了，因为他们希望她能看到自我实现的课题结束。她回来了，她还是我的学生。作为她的教师，她告诉我她后来对城郊的穷人状况十分感兴趣，她致力于这个课题并成为一名人权律师。

……

这些就是我为什么要当教师的理由。这些学生在我眼前成长、变化着。当一名教师就好比创造生命，我可以看到我所孕育的泥人开始呼吸。没有什么能比那么近的看到生命的呼吸更令人激动了。

我也有权力。我有权力去提醒别人注意，去展开有趣的话题，去问那些难以回答的问题，去表扬一个大胆的回答，去谴责掩盖真理，去向学生推荐书籍，去指出前进的道路。我还会去在乎其他什么权力吗？

我当教师是因为我生活在那些开始呼吸的人们中间，我有时甚至能感受到他们的气息中也我自己的气息。

我想大多数教师之所以走上三尺讲台，可能也是像彼得·基·贝德勒一样，对这个职业充满了热爱。

## 第二节　万世师表——陶行知

教育就是社会改造，教师就是社会改造的领导者。在教师手里操着幼年人的命运，便操纵着民族和人类的命运。

——陶行知

陶行知先生是我国近代最具有影响力的教育家、教育思想家。他也是最具有批评精神和创造精神的教育开拓者。他博大的教育思想，求真的教育实践，行知合一的师德风范为我们树立了光辉的榜样，不愧为是"伟大的人民教育家"，"万世师表"。

作为"伟大的人民教育家"的陶行知，他的教育理念在今天我们看来依然值得学习，主要表现在以下几个方面：

1. "生活即教育"

"生活即教育"是陶行知生活教育理论的核心。什么是"生活教育"？陶行知指出："生活教育是生活所原有，生活所自营，生活所必需的教育。教育的根本意义是生活之变化。生活无时不变，即生活无时不含有教育的意义。"既然生活教育是人类社会原来就有的，那么是生活便是教育，所谓"过什么生活便是受什么教育；过好的生活，便是受好的教育，过坏的生活，便是受坏的教育"。他还指出，"生活教育与生俱来，与生同去。出世便是破蒙；进棺材才算毕业"可见，"生活即教育"的基本含义：第一，"生活即教育"是人类社会原来就有的，自有人类生活产生便有生活教育，生活教育随着人类生活的变化而变化。第二，"生活即教育"与人类社会现实中的种种生活是相应的，生活教育就是在生活中受教育，教育在种种生活中进行。第三，"生活即教育"是一种终身教育，与人生共始终的教育。

2. "社会即学校"

"社会即学校"是陶行知"生活教育"理论的另一个重要命题。陶行知认为自有人类以来，社会就是学校，如果从大众的立场上看社会是大众唯一的学校，生活是大众唯一的教育。统治阶级、士大夫为何不承认此？是因为他们有特殊的学校给他们的子弟受特殊的教育。陶行知反对这种特殊的不平等的教育，提出"社会即学校"，以此来推动大众的普及教育。陶行知提出"社会即学校"，在于要求扩大教育的对象、学习的内容，让更多的人受教育。他指出："我们主张'社会即学校'，是因为在'学校即社会'的主张下，学校里的东西太少，不如反过来主张'社会即学校'，教育的材料，教育的方法，教育的工具，教育的环境，都可以大大的增加，学生、先生可以多起来。"陶行知提出"社会即学校"的主张和"生活即教育"一样，也在于反对传统教育与生活、学校与社会相脱节、相隔离。他认为"学校即社会，就好像把一只活泼的小鸟从天空里捉来关在笼里一样。它要以一个小的学校去把社会所有的一切东西都吸收进来，所以容易弄假"。而且这种教育在"学校与社会中间造成了一道高墙"，把学校与社会生活隔开了。陶行知提出"社会即学校"是"要把笼中的小鸟放到天空中使他任意翱翔"，是要拆除学校与社会之间的高墙，"把学校里的一切伸张到大自然里去"。他的"社会即学校"学说，与我们解决当前教育中教育内容的过时陈旧、不符合学生生活实际、不切合学生思想认识、不能很好地为学生的将来生活服务的现象是很有启发的。

3."教学做合一"

"教学做合一"，是生活教育理论的教学论。"教学做合一"用陶行知的话说，是生活现象之说明，即教育现象之说明，在生

活里，对事说是做，对己之长进说是学，对人之影响说是教，教学做只是一种生活之三方面，不是三个各不相谋的过程。"教学做是一件事，不是三件事。我们要在做上教，在做上学"。他用种田为例，指出种田这件事，要在田里做的，便须在田里学，在田里教。在陶行知看来，"教学做合一"是生活法，也是教育法，它的含义是教的方法根据学的方法，学的方法要根据做方法，"事怎样做便怎样学，怎样学便怎样教。教而不做，不能算是教；学而不做，不能算是学。教与学都以做为中心"。由此他特别强调要亲自在"做"的活动中获得知识。值得指出的是："教学做合一"的"做"与杜威"从做中学"的"做"是有区别的。首先，陶行知所说的"做"的"行"。陶行知指出："教学做合一既以做为中心，便自然而然地把阳明先生的见解颠倒过来，成为'行是知之始'，'重知必先重行'，他认为"有行的勇气才有知的收获"。

可见陶行知的"做"是建立在"行"的基础上，是以"行"求知，强调"行"是获得知识的源泉。这些见解在认识论上具有唯物主义因素，因而"教学做合一"和主观唯心主义的"从保重中学"就有了区别。但是陶行知所说的"行"与我们现在所讲的实践还不同，他所说的"行"还只是个人狭隘的琐碎的活动。

陶行知特别重视生活教育的作用，他把生活教育当作改造中国教育、社会的唯一出路。在陶行知看来，有了生活教育就能打破"死读书、读死书、读书死"的传统旧教育；有了生活教育，就能"随手抓来都是学问，都是本领"，接受了生活教育就能"增加自己的知识，增加自己的力量，增加自己的信仰"。陶行知不把生活教育当作衡量教育、学校、书本甚至一切的标准。他说："没有生活做中心的教育是死教育。没有生活做中心的学校是死学校。没有生活做中心的书本是死书本。在死教育、死学校、死书本里鬼混的人是死人"。

生活教育理论在反传统的旧教育上具有一定的积极意义，它揭露并批评了旧教育存在的问题，同时提出了解决问题的具体办法，他的教育改革思想不仅在当时具有重要的意义，就是在今天的教育改革中也依然有很重要的影响。

陶行知之所以被"万世师表"不仅是因为他的"为人民"的教育理念，还体现在他的教育是为了"育人"，是一个塑造人的过程。

"千教万教教人求真，千学万学学做真人。"陶行知先生这一至理格言，是我们"教书育人"的永恒主题。在市场经济、竞争的年代及世界风云突变的情况下，"教人求真"更具有现实意义。其意义有二：第一，"知行统一"。我们的教育归根结底要培养什么样的人？教育的根本目的和实施素质教育的首要任务是什么？这是揭示了教育目的的真谛问题。这里要强调的是，我们教师在注重知行（德、智）统一的同时，不可忽视学生的心理体验，即

如何使学生知行达到和谐统一，真正使学生达到"学做真人"，成为真、善、美的人。我们知道，从知到行是一个复杂的品德的心理过程，当代的青少年思维活跃，面对纷繁复杂的世界，就会思考"我活着是为了什么？"于是，人生观的问题便随之产生。对于他们来说要把人生发展近景和远景正确结合起来思考，形成成熟的心理是十分困难的。因此，作为教育工作者就应担负起应尽的职责，帮助、教育和引导他们树立以爱国主义、社会主义、集体主义为核心的人生观，以及在这种人生观指导下所建立起来的道德、品质、意志。第二，探索真理。我们所处的时代是一个信息时代，学生所接触的信息及更新的知识，瞬息万变。面对这些，学生既感兴趣，又难以招架。兴趣是对真理探索的钥匙，但在探索真理的过程中，学生往往被各种难以解决的问题所困惑，被各种非本质的自然现象所缠绕。这种困惑需要我们教育工作者的正确的引导和正面的鼓励，当学生经过艰苦的学习，解决了各种难题，认识了事物的本质，就会产生兴奋感，这种兴奋感是学生对困惑感的否定和对学习探索活动的肯定，由此带来的喜悦和欢乐体验可以酿造一个人的自信心和尊严感，进一步强化其探索行为，从而激励自己继续进行新的创造。

"捧着一颗心来，不带半根草去。"这是陶行知先生的座右铭，也是他一生献身人民教育事业，寻求探索中国教育之光明大道的生动写照。他认为教师应"发前人所未发，明今人所未明"，提倡教师做一个发明家，不做一个教书匠。1943年11月，《新华日报》发表的陶行知的《创造宣言》一文，热情讴歌创造精神，鼓励人们要有"大无畏之斧"，"智慧之剑"，"金刚之信念与意志"，"向着创造之路迈进"。陶行知先生提出的这种教师观正是我们当代教师所应追求的。道理很简单，其一，教师不是处在世外桃源，学生面临的挑战，教师同样首先遇到，他应先于学生获得这些本领和品质。否则，他就无法引导学生既学会生存又学会关心。这里的关键问题是，教师应有一种清晰的辩证观，即懂得个人的生存和发展与关心和奉献他人之间的辩证关系。教师应以亲身经历和体验来启发学生懂得这种辩证关系，使之把学生生存首先建立在利公而非单纯利己的功利目标上。其二，有创造性的教师才能培养出有创造能力的学生。教师应"授人以渔"，而不是"授人以鱼"。因此，陶行知先生不顾保守势力的反对，改"教授法"为"教学法"。他认为"先生的责任不在教，而在教学，而在教学生学。""教的法子必须根据于学的法子。"他的这些教育思想都启示我们教师应更着眼于加强学生的学法指导，教给学生学习的方法，注重学法研究，发挥学生的主动性、创造性。"教是为了不教"，教给学生学会学习、学会生活、学会生存的方法和本领，已成为当务之急。

"人生天地间，各自有秉赋，为一大事来，做一大事去。"这是陶行知先生作的《自勉并勉同志》诗。他自己的一生正是不断

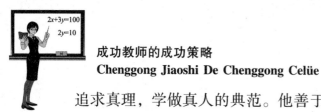
追求真理，学做真人的典范。他善于从中国的国情出发，创造性地开展教育工作，探索、开辟了一条中国新教育道路，为国家培养了大批优秀人才。他为人民的教育事业呕心沥血，奋斗了终生。

陶行知先生的教育思想与实践，为我们留下了一份宝贵的精神财富。我们要学习他高尚的道德情操，研究他丰富的教育遗产，全面提高自身素质，使自己成为心灵世界的开拓者、智慧田野的播种者、人类文明的传递者。

# 第三节　"为人生"——叶圣陶

教师之为教，不在全盘授予，而在相机诱导。

——叶圣陶

叶圣陶先生是我国当代著名教育家、文学家。他对我国现代教育的改革和发展做出了不可磨灭的贡献，他的许多教育思想直到今天仍然值得我们学习和借鉴。

在深沉的现实关怀统辖下，叶圣陶既有着丰富的教育实践经验，又在此基础上有着深厚的教育理论知识。关于教育的目的，他认为教师应该具备一定的修养，身教重于言教。他认为"好的先生不是教书，不是教学生，乃是教学生学"，也就是我们常说的"授之以渔"，而非"授之以鱼"。他反复强调习惯在学习中的作用，认为"教育就是培养习惯"，主张"教师之为教，不在全盘授予，而在相机诱导"。

## 一、以人为本

"以人为本，全面发展"是叶圣陶先生教育思想的精华部分，也是叶圣陶先生毕生教育奉行的原则。首先人是具有社会性的，那么教育就要面向社会，叶老就曾说过"教育要为全社会而设计，要为训练成对社会做点事的人而设计"，教育应该设计到社会的每个角落，每一份子，着眼于提高全民族的素质。

他主张教书与育人紧密结合，教育是人类获得生存资料和经营生活的一种工具，教育应该有助于帮助学生认识自己、革新自己、成就自己。

"以人为本，全面发展"是叶圣陶先生在中国传统的教育思想的基础上吸取西方现代教育思想的结果。他认为教育的对象是人，人先必须学会生存之法、处世之道，否则一切都是空谈，只有学会了生存和处世才能谈发展，而发展就是"德、智、体、美"全面的发展，这种教育思想不仅在叶先生当时的年代是超前的，在今天仍是活力四射，富有蓬勃生命力。

## 二、教是为了不教

"教师之为教，不在全盘授予，而在相机诱导。必令学生运其才智，勤其练习，领悟之源广开，纯熟之功得深，乃为善教也。"叶圣陶的"教是为了不教的"教育理念对改进现代中文教育有重要影响。他给中文教育引入了一个全新的观念，"应当教

给学生学习的方法，而不是长期详细的灌输书本知识。"这一观点冲破了习惯于强烈依赖记忆和灌输的传统语文教学观念。此外，叶圣陶促进了批判思维的深入人心，让人们认识到个人价值判断的重要性。他认为这些学习技能应当被用来构筑学生的基础，同时也将成为学生终生学习的起点。这些观点对于现代教育依然有很大影响。

### 三、教育就是习惯的培养

养成习惯贵在躬行实践。作为一位长期从事教育工作的实践家，叶圣陶先生非常强调在习惯养成中的身体力行。他认为，要养成某种好习惯，要随时随地加以注意，躬行实践，才能收到相当的效果。他以常见的事例来说明这个道理。他在《习惯成自然》一文中写道，"要有观察的能力，必须真个用心去观察；要有劳动的能力，必须真个动手去劳动；要有读书的能力，必须真个把书本打开，认认真真去读；要有做好公民的能力，必须真个把公民应做的一切认认真真去做"，这样，我们"所知"的才能逐渐化为我们的习惯，成为相应的能力和素质。

教育的目的就是培养习惯，增强能力。叶圣陶认为，"我们在学校里受教育，目的在养成习惯，增强能力。我们离开了学校，仍然要从多方面受教育，并且要自我教育，其目的还是在养成习惯，增强能力。习惯越自然越好，能力越增强越好"，孔子一生"学而不厌"就说明了这个道理。

叶圣陶认为,习惯不嫌其多,但有两种习惯养成不得,除此之外,其他的习惯多多益善。这两种习惯就是:不养成什么习惯的习惯和妨害他人的习惯。

此外,叶圣陶还有影响至今的一些教育名言:

①真教育是心心相印的活动。唯独从心里发出来,才能打到心的深处。

②要解放儿童的创造力,解放小孩子的双手,解放小孩子的嘴,解放小孩子的空间,解放小孩子的时间。

③语言文字的学习,就理解方面说是得到一种知识;就运用方面说,是养成一种习惯。这两方面必须连成一贯,就是说,理解是必要的,但是理解之后必须能够运用;知识是必要的,但是这种知识必须成为习惯。语言文字的学习,出发点在"知",而终极点在"行";到能够行的地步,才算具有这种生活的能力。

④没有任何兴趣,被迫进行学习,会扼杀学生掌握知识的意向。

## 第四节　没有爱就没有教育——霍懋征

没有爱就没有教育。

——霍懋征

霍懋征老师是一位普通的小学老师,更是全国著名的教育家,

15

她自称是一个平凡的人，周恩来总理却称她为中国的"国宝"。"没有爱就没有教育"，这是霍老师从事教育教学工作的座右铭。她说："一个老师必须热爱学生才能教好他们。"在她的眼中，"没有不可教育或教育不好的"学生。她爱每一个孩子，"相信人人都可以成才"。60多年的从教生涯，她创造出没有让一个学生掉队的奇迹。没有体罚过一个学生，没有向一个学生动过气……她的教育理念在当今的时代，依然是教育工作者解决德育问题的"良方"。

教育格言一：没有爱就没有教育

教育事例：一个学习成绩最差的学生举起手要求回答霍老师提的问题，可是当老师问到他时，他却答不上来。老师后来问他为什么不会也举手时，这个学生哭着说："老师，别人都会，如果我不举手，别人会笑话我。"霍老师由此感到了学生都有一颗强烈的自尊心。她私下里告诉这个学生，下次提问时，如果会答就举左手，如果不会就高举右手。此后，每当看到他举左手，霍老师都努力给他机会让他回答，举右手时则不让他站起来。一段时间后，这个学生变得开朗了，学习成绩也有了很大的进步。霍老师悄悄地把这个方法也告诉了班里其他几个学习不好的学生，结果发现整个班都变了。

教育理论：霍老师认为，没有爱就没有教育。爱学生是和尊重学生、信任学生连在一起的。这件事证明，教育的前提是尊重。

人皆有自尊心，处在成长期的学生的自尊心更是敏感与脆弱，更需要老师的悉心呵护。在此前提下，学生才会在一种健康、自由、愉快的环境中接受教育，自觉学习。

教育格言二：对学生的八字方针 激励、赏识、参与、期待

教育事例：班里有个叫米盈余的学生，这个小姑娘腼腆、胆小。老师每次叫她回答问题，她站起来，总是低着头，脸涨得像块红布，说话的声音都打战。一次开家长会，同学们要演出，霍老师有意锻炼这个小姑娘的意志，于是就提议让米盈余担任一个角色，演"小白兔"，米盈余的第一反应是"不行，我不敢"。"试试吧，老师相信你准行，"霍老师抚摸着小米的肩膀亲切地鼓励她，"大家帮助你多排练几遍，好不好？"最后演出成功了。从此，米盈余变得大胆、开朗起来。

教育理论：霍老师对这八字方针的理解是这样的：激励每个学生求进；赏识每个学生的才能；创造条件让每一个学生参与教育教学活动；来自教师的期待是学生积极进步的动力。真诚的爱、热情的鼓励是打开学生心灵的金钥匙，老师要激励学生们增强自信，勤于努力；要为每一个学生取得的进步而鼓劲加油，使他们感受到由于各自取得的成绩和进步而带来的喜悦。

教育格言三：育德于教、文道统一

教育事例：《落花生》一课是通过平常的故事告诉人们一个深刻的道理：即做人的标准。教学过程中教师往往注重教育学生

"不做外表好看而对别人没有用处的人"，而霍老师进一步扩展课文的主题，把这样三句话同时展示，由学生充分讨论：1. "它虽然不好看，可是很有用，不是外表好看而没有实用的东西"。2. "人要做有用的人，不要做只讲外表，而对别人没有用处的人"。3. "人既要做对别人有用的人，也要注意外表和礼仪"。霍老师在对教材内在的思想意义全面、准确地挖掘后，在句子教学中、字词理解的过程中，将一番严肃的话题渗透其中，学生在接受知识的同时，对老师的人生观也给予认同。

教育理论：霍老师"育德于教、文道统一"的教育目标是从提高学生的素质、发展学生的智力与能力方面提出的。语文教学就是要育人为本，语文课应在训练学生语言能力的过程中，塑造学生的灵魂，坚持"一课一得"的原则。语文德育功能的充分运用，应该是教师自觉地把德育意识和德育内容渗透于语言训练之中的。霍老师在教学中关注的不仅是语言文字本身，更是通过语言文字能作用于人的文中之"道"。

教育格言四：教育是科学也是艺术

教育事例：班上有个爱下象棋的孩子，经常逃课，找人下棋，与人比高低。一天，霍老师对他说："听说你爱下象棋，放学后下一盘好吗？"他惊讶地说："你行吗？"老师说："不如你的话，就向你学呀。"第一盘老师故意输了，他特高兴。老师说："我不服气，再来一盘。"第二盘他输了，他不服气了，但第三盘、第四盘、第五盘都输了。他服气了："老师，您真棒啊！"霍老师趁机说："我虽然下得比你好，但你看到我到处找人下棋了吗？我不能因为爱下棋就不上课呀。以后我们在课下交流，互相提高怎么样？"从此，这个孩子开始好好学习，再也不逃课了。

教育理论：霍老师的一个学生说，霍老师教我们做人，不是说出来的，而是做出来的。霍老师觉得孩子的眼睛就像摄像机，耳朵就像录音机，他们会把老师的一言一行记录下来。老师在学生眼里是一个榜样，是他们学习的楷模，所以教育是科学也是艺术。

教育格言五：没有教不好的学生只有教不好的老师

教育事例：三年级有 4 个女同学课上从不发言，课下也不和其他同学交往。霍老师发现她们手很巧，喜欢劳动。于是想办法，找机会让她们展示自己的才华。教室后面墙上有一排挂钩，其中的几个已经断的断、脱落的脱落，学生们挂上去的东西常掉下来。老师就把这几个女生约到办公室，让她们帮着想办法，修好这些挂钩。第二天，老师和这几个女同学早早来到学校，让她们动手修好了挂钩。上课后，老师让学生们看教室后面的变化，学生们看到衣服又整整齐齐地挂在挂钩上，赞不绝口。霍老师马上表扬了那几个女同学，夸奖她们爱集体，善于观察，动手能力强，学生们情不自禁地鼓掌。后来她们帮老师为班里建立了"自然角"，让同学们观察种子怎样发芽，蝌蚪的变化……渐渐拉近了和同学们的距离，开始主动和同学们交往，参加班级活动，也调动了学习的积极性。

教育理论：霍老师认为，因为教师的精力有限，他们往往没有足够的时间对问题学生进行细致的教育和引导。爱一个"问题"学生才是对教师的考验，而这正是教师的天职。每一个老师心里都很想把学生教好，但如果对学生缺乏爱心，单是"恨铁不成钢"，铁就难以成钢。作为教师，要用发展的眼光看待他们，鼓励他们在原有的基础上不断进步。

# 第五节　教育改革家——魏书生

魏书生，中国教育界响当当的重量级人物，一个只有初中学历的人，靠自学和实践从一个农村中学教师成为一名全国闻名的教育改革家。

## 一、民主教育

民主化是魏书生取得教育成功的要诀。"学生学习积极性这么高，您是用什么办法调动的？"在每次公开课后，面对众多同行的询问，魏书生总是这样回答的："我仔细想来，根本的办法其实只有两个字'民主'，教师树立了教学民主的思想，教学中多和学生商量，学生学习的积极性就容易高涨起来。"

魏书生认为，教学不民主是导致教学效率低下的一个主要原因。他说："教与学之间毫无民主的气氛，思想没有相互理解，感情没有相互交流。双方都用宝贵的脑细胞琢磨着压服对方或欺骗对方的策略，教学效率怎么会高？"

魏书生认为，首先是师生心灵的沟通。一方面教师必须了解学生，尊重学生，信任学生，真正为学生负责，真正为学生的发展负责。另一方面，教师还必须设法让学生了解教师，理解教师，信任教师。魏书生说："教师的心灵对学生如果是一个未知世界，那么就谈不上教学民主。教师应该把自己对人生、对事业、对教学、对语文教改的看法都真诚地和学生倾谈，这样学生才会真诚地、无保留地谈他们的看法。师生在充分信任、理解的基础上探讨问题，才能最大限度地发挥学生的积极性。"

其次，魏书生认为，教师要树立为学生服务的思想。他说："为学生服务，就不能强迫学生适应自己，而应努力研究学生的学习心理、原有的知识水平、接受能力，以使自己的教学适应学生的需要。"这种"需要"就是学生发展的需要。"教师要善于在教学大纲、教材要求与学生的心灵实际之间架桥，要努力防止离开学生心理的此岸世界，而只在大纲、教材的彼岸世界动脑筋、做文章的倾向。"他进一步指出："教师要真诚地认识到自己是为学生服务的。既然教师是为学生服务的、那就必须把学生当做学习的主人，课堂的主人，就必须充分发挥学生的积极性、主动性，就必须了解学生、尊重学生、依靠学生，从学生的实际出发。"

最后，魏书生的教育民主集中体现在"决策过程民主，多同学生商量"。

既然学生是学习的主人，那么学生就有参与教学过程和民主决策的权利，这也是教学民主最基本的要求。而要发挥教学民主，就必须把教学民主思想渗透到教学的各个方面。魏书生说："要做到教学民主，就要和学生多讨论、多商量。商量什么？从教学目标、教学内容，到教学重点、课时安排，以至具体的教学方法，都同学生商量，尽可能达到师生之间认识的统一。"他指出，"要使学生成为学习的主人；就必须引导学生参与教学，即不仅学而且参与教，参与得多了，才会增强主人翁意识。""这样时间长了，学生便养成了发表自己意见，积极参与教学的习惯；我也养成了尊重学生、理解学生、从学生的实际出发的习惯。"也只有这样，学生才能真正成为学习的主人，才能真正成为对自己负责也对他人负责的主人。——这是魏书生教育教学一贯的做法和最基本的指导思想。

## 二、自我管理

"自我管理"是魏书生管理手段的核心。它是"人本"思想的发展，它并非魏书生的创造，然而魏书生管理本身最鲜明地体现了这一思想，其教学策略之高明，教学手段之巧妙今人称道。

首先，他非常注意提高学生对管理活动的认识。曾经有学生问他："您还能做我们的班主任吗？"魏书生说："为什么不能？"学生说："我们看您太累了！""那我就请副班主任来管嘛！"学生问："副班主任在哪？"魏书生说："就在每位同学的脑子里！"谈话中，魏书生除巧妙地向学生传达了对学生的信任外，还向学生传递了这样一个信息，这就是：管理对整个教学活动来说是必要的，但管理不是老师来约束学生，而是学生在学习活动中的自我约束。通过引导学生对管理的认识，使学生自觉意识到管理的必要性，特别是自我管理的必要性，在客观效果上，减少了学生对管理的抵触以至对抗的情绪，大大减少了由人际关系不谐产生的内耗，这无疑极大地提高了教育管理的实效。

其次，魏书生创造性地创设了多种自我教育形式，如：写"说明文"，写"心理病历"等，大力倡导学生自我约束和自我管理，帮助他们在心里筑起第一道防线，以尽量把问题消灭在萌芽状态。

再次，他大大强化了规划、决策过程中的民主参与，通过引导学生制订班规班法，既使学生的意志与愿望通过合理渠道得到了满足，又密切了师生关系，同时由于学生有为自己的目标负责的倾向，所以它容易使学生对自己的行为产生自我约束，真可谓"一举数得"。

第四，大胆转化了管理机制，为班级重新建立起以学生自我管理为主的新机制，其新颖之处表现在四个方面：1. 全员参与，相互制衡。在魏书生的班中，人人都是管理者，人人又都是被管理者，管理因时而动，权力彼此制约，而教师则处在一个驾驭、服务的位置上。如此管理，教师如何不轻松？2. 照章办事，责任明确。"人人有事做，事事有人做"，且凡事皆有章可循。3. 管

理教学，相互结合，管理的目的是服务于教学中，魏书生的班级管理中就包含有大量的教学因素，比如让学生写"说明文"，目的是让学生进行自我教育，但他同时训练了学生的书面表达能力。办《班级日报》沟通了同学间的联系，但不也是一个让学生全面受教育的过程吗？另外，除课堂教学，魏书生还把大量的课外教学活动（包括德、智、体等科）纳入了班级管理的轨道，如定期定人检查作业批改作文，课前一支歌等，加强了教学与管理间的联系，推动了教学管理与班级管理的整体自动化。4. 善始善终，持之以恒。凡事不做则已，一做必做到底，既显示了制度执行的一贯性，又锻炼了学生的意志力。

### 三、育人艺术

1. 盏盏心灯

魏书生老师班级的黑板右上角，每天都由学生写上一则格言。魏老师说："我常觉得格言警句，像一盏盏心灯，倘在学生心灵中点燃，会有利于学生选择正确的道路，朝着自己理想的高峰攀登。"请看如下格言："人生只有进取，满足就意味着死亡"；"最大的罪过，莫过自暴自弃"；"吃苦是人类的第一财富"；"你经常和什么人一起，那么，你就是什么人"；"九尺高台，起于垒土；千里之行，始于足下"等等。在校的每一天，天天让学生品味格言，天天点亮"心灵之灯"，让学生的心灵受到照耀，学生的文学修养和品德修养无疑会在这种隐性教育中获得提升。

2. 座右铭

从 1995 年开始，魏老师就要求全班同学，必须根据自己的实际情况，确立"座右铭"。座右铭上写清三部分内容：第一，自己最崇拜的人的名字或照片，这能起到"精神充电"作用；第二，自己要追赶的本班同学的名字，可以激发全班同学你追我赶的积极性，形成良性竞争的学习氛围；第三，针对自己思想弱点写一句医治这一弱点的格言，这是学生不断自我完善、持续进步的途径。

3. 精神充电

魏老师的学生，心目中都有一位自己崇拜的伟人，书桌内放有这位伟人的传记。有时，在语文课前三分钟，进行"集体充电"，全班同学起立，各自想着自己最崇拜的人，想象他的音容笑貌、举手投足、为人处世，让伟人的形象和品质深入学生的内心，鼓舞学生。有时进行"个体充电"，当学生自己在学习和生活中遇到挫折或困难时，让他们想一想伟人的人生经历，从伟人那里获得战胜困难的决心和勇气。

4. 班级日报

魏老师的班级是从 1984 年 1 月，经全班同学讨论一致同意后，开始轮流主办"班级日报"的。办班级日报有若干规定，如：直接反映本班同学学习生活的内容要占 60% 以上的版面，主要设有班级新闻、学先进专栏，本班同学的学习方法介绍、好人好事、警钟专栏；文章病院专栏。规定对班级纪律、卫生、出勤、

课间操得分情况，必须及时报道；为前一天的值日班长开辟一块工作失误及补救的分析园地，及时分析班级工作失误的原因及制订补救的措施；每期报纸必须有图画点缀，黑白的可以，彩色更好；报纸必须在当日上午12时之前夹到报夹子上面，不能拖为晚报等等。办"班级日报"，培养了学生们的综合能力，如写作能力、书法绘画能力、版面设计能力。

5. 道德长跑

魏老师的学生每天都需要写一篇日记，天天坚持，魏老师称之为"道德长跑"。学生们写日记形式多样，内容丰富。有的是教师命题，但大多是学生自命题，总的要求是让学生把"摄影机"对准生活的光明面。让那些所见所闻、所思所感、风土人情、崇拜的人、喜欢的书、感人的事时刻影响着学生，激励着学生不断地进取。

6. 体育锻炼

魏老师的学生每天要坚持长跑5000米，做仰卧起坐、俯卧撑100次，男女生同样。这样大的体育运动量，一般学生都是很难承受的。而魏老师却认为："这样做，不仅增强了学生的体质，而且磨炼了同学们的意志，在现代社会，这种顽强的、百折不挠的意志是一个成功者不可缺少的条件。"实践证明，魏老师的学生无论是体质还是意志，都是同龄学生中的佼佼者。

7. 自我教育说明书

魏老师的学生，如果违犯了班级规定，或者某项任务没有及时保质保量完成，那么，这名学生就要写一份说明书。说明书的字数不固定，根据具体情况而定。说明书不同于检讨书，因学生所站的角度不同，所以，写的情感及其效果当然不同。魏老师的一个学生说："我爱淘气，小学时常写检讨书，越写越恨老师；现在写说明书，越写越恨自己！"写说明书的目的是说明之所以违犯了班级规定，或某项任务没有及时保质保量地完成的原因、过程、结果。让同学、老师或家长知道，以得到其了解、理解或谅解。更重要的是通过写说明书来达到学生自我教育的目的。写说明书，是让学生做自我心理裁决，让学生心平气和地思考这样做的利弊关系。这样有利于将师生矛盾转化为学生的自我矛盾，学生"新我"与"自我"斗争，这是自我教育的最佳方式。

8. 责任田

行使"主人权力"是魏老师最高明的办法。他常说，教师是学生的公仆，学生才是学校的真正主人。让学生们时刻认识到自己是生活的主人，是学习的主人，学生们才能把学习当作是耕种自己的"责任田"，而不是为老师或家长"打工"。魏老师班级的学生，每人都有自己承包的"责任田"。如，轮流承包的有：担当"值日班长"、抄写"每日格言"、主办"班级日报"、教唱"每周一歌"等。固定承包的有：收发各学科每日作业、检查学生日记、监督老师"发火"、检查课间纪律和花盆、鱼缸的保护情况等。总之，每名学生都有自己"说了算"的田地，都是主

人，都有机会行使主人的权力，都能体验到自己的价值。

9．快乐人生

魏老师经常教育学生："人世间有什么？有阳光，有鲜花，有正义，有善良，有勤奋，有自强，有开朗，有快乐，人世间还有阴云，有毒草，有邪淫，有凶恶，有懒惰，有自卑，有狭隘，有忧虑。生活中原本有快乐，你善于寻找，善于站在快乐的一方，坚守住快乐的心理阵地，不让忧虑打进来，你便是快乐的人。"他让学生体验生活的快乐、学习的快乐，畅谈竞争的快乐、吃苦的快乐。例如让学生写日记以《谈学习是享受》为题，居然让学生一直写到《谈学习是享受之一百》。就是这样强化学生享受人生快乐这根神经，使学生的心理素质不断提高，让他们始终能保持一种欢快愉悦的心态面对学习和生活。

# 第二章　教师职业生涯规划

　　教师的职业生涯，是指一个人作为教师从事教师职业的整个过程。因此，教师的职业生涯规划，是对有关教师职业发展的各个方面进行的设想和规划，具体包括：对教师职业的选择，对教师职业目标与预期成就的设想，对工作单位和岗位的设计，对成长阶段步骤以及环境条件的考虑。是对自我的职业生涯的主客观条件进行测定、分析、总结研究的基础上，对自己的兴趣、爱好、能力、特长、经历及不足等各方面进行综合分析与权衡，结合时代特点，根据自己的职业倾向，确定其最佳的职业奋斗目标，并为实现这一目标做出行之有效的安排。

　　一般印象而言，教师的工作稳定，步调规律且单纯，还需要有生涯规划吗？答案是肯定的。教师的生涯发展是为自己规划出自己的职业理想蓝图，也是一种虚拟的实境演练。教师进行职业规划是自身职业特点的要求，是进行终身教育的前提条件，是自我发展的前提和需要。一个好的职业生涯规划，有助于教师确立自己的职业生涯目标，适应教育改革的发展和未来竞争的需要。教师在自己的生涯发展方面，必须作系统的思考，从整体观照，

宏观和微观的角度来进行生涯思考，这样教师会自觉地、妥善地完成生涯规划。

教师生涯是一个意义深长的生涯，教师的生命在学习中成长，在付出中完成。通过制定教师职业生涯规划，将使教师个人的生涯获得极致的发展。思考、生活、学习、工作与行动；健康、婚姻与家庭；知识、情感与技能都将得到整全的发展，得到真正的人生幸福。

## 第一节　自我定位选择职业生涯目标

向着某一天终于要达到的那个终极目标迈步还不够，还要把每一步骤看成目标，使它作为步骤而起作用。

——歌德

目标是一个人前进的动力，也是前行的方向，教师的发展也不例外。据《教师职业生涯规划与发展设计》中所引述的例子来看，1953 年有人对耶鲁大学的毕业生进行了一份调查问卷。统计结果是：3% 的学生有明确的目标并写成文字，97% 的学生基本上没有明确的目标。20 年后的 1973 年，追踪所用参加问卷学生的现状，3% 的人拥有财富的总和比 97% 的财富总和还多得多。哈佛大学也曾作过同样的调查，结果显示：3% 的人有清晰且长期的目标，25 年始终朝着同一个方向前进，他们最终成为社会各界的顶尖成功人士。10%的人有清晰的短期目标，他们不断完成预定的短期目标，且累积完成中期目标，结果他们成为各行各业的专业人士，如医生、律师、工程师等。60%的人目标模糊，他们能安稳的工作和生活，但都没有什么特别的成绩。27%的人，25年来没有自己的目标，随波逐流，他们的生活很不如意，常常失业，并且常常都在抱怨他人，抱怨社会，抱怨世界。大部分人都希望自己能够成为3%中的一员。可能在这个过程中会错过了一些发展的好机会，并且也走了一些弯路，正如罗兰所说，太阳的伟大不是永远光芒四射，而是不会永远被乌云所遮蔽吧了，英雄也不是没有软弱的时候，只是不被软弱所打败罢了。

那么如何制定有效的职业生涯目标呢？有五个方面需要我们注意：

①这种制定是自我认真选择的。

②对每种被选择的结果，在选择时都曾一一不漏地做出评估。

③你为自己的选择结果感到骄傲，并充满信心，且愿意公开。

④愿承诺并付诸行动来完成自己的选择结果。

⑤它适合自己的整个生活模式，符合自己的价值观。

这五个方面是环环相扣，每一个方面都不能忽略的。

在职业生涯的规划中还应该注意一点，就是要有远见，要敢于开创自己的新天地，取得新的突破。教师在所熟悉的环境中开展传统的教学活动，难免会陷入"从进步快到进步慢，再到停止

进步，甚至退步"的怪圈，如何走出这样的怪圈，美国人扬·莫里森在他的著作《第二曲线》中就有提到，必须要选择发展的第二曲线，只有如此才能打破常规，走出怪圈。

每一个教师在他的职业生涯中，总会遇到成功与失败。无论是成功还是失败，他都要主动去适应，应该在之前就有长远的多方面的考虑。这样的一种自我选择和长远考虑，才不会眼睁睁地看着自己的生涯跌入下滑期。教师生涯发展目标的跨越是有一定的风险，但这是一个难得的奇迹，可以保证你在更高的平台上发展。他要求教师在规划自己的职业生涯时，把创新放在首位。只有那些善于捕捉特定的成就初期，又敢于冒险放弃第一周期的高峰期的教师，舍得放弃机会成本，而甘愿暂时经历下滑期的教师，才能可能避免整体的下滑，才能在新一轮中攀升。这是教师职业生涯规划新的内涵。

## 第二节　教师职业生涯的分析及规划

任何人如果不能教育自己，也就不能教育别人。

——苏霍姆林斯基

教师在制定职业生涯规划时，必须要清楚地对教师这个职业做出分析，规划出具体内容，并做到知己知彼。知己，就是自我认识和自我了解；知彼，就是熟悉自己的工作环境和工作中面临的对象，以及社会大环境。具体看来，教师的职业生涯规划内容主要包括以下几点：

### 1. 对自我的认识

教师职业生涯的规划发展，主要是教师自我的发展，那么要想自我的发展取得丰硕的成果首先要对自我进行认识。自我认识要从自己的人格特质开始，包括性格、志向、兴趣、潜能、特长、气质、情商、家庭背景、学历等条件。同时，还要认识自己对工作所抱有的价值观，包括自身从事教师工作想要达到的目标、自己的抱负、成就动机、生活与工作目标等等。这样，通过不断地自我分析来认识自我，是教师在进行职业规划发展首先要考虑的一项内容。

### 2. 对周围工作环境及外部大环境的客观分析

对教师周围工作环境的客观分析是教师自身发展中不可忽视的一项内容。周围工作环境主要包括，自身所处地区及学校的整体教育水平和现状，自己在学校和教育工作中的地位，环境对自身的要求，以及环境对自身有利的条件和不利因素的影响，等等。外部的大环境的分析也是教师必须重视的。外部大环境的分析主要包括国家政治、经济、社会、文化因素以及所在环境中可能发展的机会、所需配合条件等对自我发展的影响。只有对这些环境因素做了充分的分析和了解，才能在复杂的环境中趋利避害，有预见性地发展自我、完善自我。

3. 如实审视自身发展机会

机会对于每个人来说并不是均等的，也不是常常出现的，机会是不会等人的。作为教师要对自身所处环境中的发展机会如实地审视。教师在教学中的发展机会很多，从专业上来说，要考虑这些方面，如教学方法的改善，通过教学研究，增进师生之间的融洽，开发新的课程和教学程序，提高学生的学习效果等等。在教育行政方面，教师可以审视自己兼任的行政工作的机会。在进行教育教学工作的同时还不忘记不断提高和完善自我的知识水平。总之，作为教师，不能想自己怎么样就怎样，必须正确看到自己的优势和能力，在适合自己的前提下寻找发展机会。

4. 明确确立个人发展目标

通过前面的三点分析，教师就可以根据自身的情况和特点明确确立自己的整体发展规划和目标确立。明确的模板可以成为追求成就的推动力，可以鞭策自身不断进步，有利于排除各种干扰，集中精力实现奋斗目标。教师对自我的未来发展有了一个清晰的发展轮廓之后，再设定长期、中期、短期的具体目标。短期目标的确立通常是在近期内所能完成的发展目标；中期的发展目标是整个发展规划的中途目标；长期目标是最终追求的结果。确定长期目标要立足现实、慎重选择、全面考虑，使之既具有现实性又有前瞻性。

5. 行动策略

教师制定自己的个人发展规划及发展目标之后，需要制定相应的行动策略。在确定具体的职业选择目标之后，行动成了至关重要的环节。没有达成目标的行动，目标就难以实现，也就谈不上什么事业的成功。在选择行动策略时，应该多参考其他有经验人的实施策略，选择适合自己的行为方式。一个好的行动策略不单是一个活动项目而已，而应该是包含许多的组合与统合。一项目标的达成，也可以经过许多不同的途径。因此，在制定行动策略时，也应该注意整体的配合与方法的运用。

6. 执行过程

教师要达到个人制定的目标，应该把握这个过程中的各项关键因素。针对各个行动策略，分成小的行动方案，具体执行时首要的是能够实施自我专业发展的管理，自己做出学习决策，比如如何学习，需要学习哪些内容，何时学习等等。教师就能够对自己的专业发展需要做出相应的诊断，选择恰当的学习形式，并把各种行动策略进一步细化为行动方案。在努力实现目标的过程中，要不断地配合外在的情境因素做适当的调整和修改。在不断回顾自己的专业学习和实践过程的同时，要根据个人的实际情况适时做出调整，把握整个过程的方向。

7. 自我评价

教师在职业生涯规划的执行中，还应不断地进行自我评

价。主要是对自己的实施效果进行评价，检查自己是否按照规定达到了预期的目标，在个人发展过程中是否有不理想、出现偏差、欠周到的地方和环节。在这个过程中，可以针对出现的问题和不足加以反思，并设法改善和补救。通过对每一个步骤与目标的实现状况进行相关评价，可以对此过程进行及时的审视，并加以调整和修改，这样才能获得最合适的发展，使发展目标更有效地达成。由于教师职业也是一个不断改革的行业，随着社会的发展和教育的改革，自我的发展规划内容也要适时做出调整。

教师只有清楚地规划出自己未来职业的发展方向，并将之具体细化，才能在实际的工作中起到推动作用。

## 第三节　积极面对现实与理想的矛盾

现实是引岸，理想是彼岸，中间隔着湍急的河流，行动则是架在川上的桥梁。

——克雷洛夫

一位有着多年工作经验的老教师曾这么说："刚参加工作那会儿，相信每个教师都是满腔的热情，做好了为社会作贡献的准备。可是随着时间的推移，奔波于学生家长的吃请当中（大部分是为了调个座位），有时候是上司直接让关照某个学生，还有订阅报刊的回扣（比如考试报）等等，良心渐渐泯灭，又不能忘却少年时的梦想，越是思考就越是心痛，越是心痛就越想思考。社会大风气、环境如此，校园又怎能独善其身，何况校园又是人际关系最为复杂的地方之一呢。"教师在没有走上工作岗位之前或者刚走上这个岗位的时候，都会像这位老师一样，对这个职业充满了期待，想一展抱负。可是，等到真正站在讲台上，走上了这个岗位，就会发现现实和理想的差距实在太远了。

教师这个职业已经有两千多年的历史了，一直以来被人们称为是最高尚的职业。教师也成为众人景仰和崇拜的对象。随着社会的日益发达，教师逐渐成为一种专门的职业。于是，相应的职业规范、职业纪律、职业道德等也日臻完善。其中变化最为明显的，则是人们对教育、对教师的教育行为及行为后果有了更高的期望。这也并不是说，其他的职业就没有相应的职业规范，只不过，社会对其他要宽松得多。对教育、对教师，人人都是睁着一对警惕的眼睛，唯恐自己子女在受教育过程中会有什么不周到的地方，也巴不得教师把自己的心肝宝贝全弄成神童，哪怕他天生弱智呢，如果再有什么失误或其他的，那可就是冒了天下之大不韪了。不过，这也能够理解，毕竟，教师的工作有他的特殊性，他的工作对象是每一位学生，职业要求他们必须成为有思想有见地有个性的

人，是要能够推动社会进步的人。

教师除了受到来自家长和社会的压力之外，在工作之余还要接受自学校的绩效考核，职称评测等等。在教学过程中，不仅要考虑到学生接受知识的能力，还要考虑到课程改革以及新的教学方法的实践；本以为自己是为人师表，但在实际中可能并不能受到全体同学的爱戴；传统教育模式可能根本就与自己的理想相悖但又不得不遵循，等等。

同时，教师工作相对稳定的优越和尴尬，也是教师走上工作岗位之前所必须面对的问题。众所周知，教师的工作比较稳定，教师可以在比较安定的环境中教学，可以较好的适应环境，熟悉教学环境和当地的学生，以更好地取得成绩。但是教师工作的固定，教师资源的流动是死的。一个师范毕业生一旦进入公立学校，就意味着除非正常工作调动或考研，这个教师就一辈子呆在这个学校，几乎没有第二次选择的可能，如果爱人不在一个学校或根本就不是一个地区，又是双职工，那么就是牛郎织女了。

所以，教师在选择这个职业的同时，不得不面对诸如此类的问题。积极面对现实与理想的矛盾，为自己的职业生涯做好预见性的准备。

## 第四节　做一个有"个性"的教师

教育者的个性、思想信念及其精神生活的财富，是一种能激发每个受教育者检点自己、反省自己和控制自己的力量。

——苏霍姆林斯基

美丽会给人带来视觉上的愉悦，但只有个性才能保持永久的韵味，有个性的教师才是学生心中的最爱。有三位教师讲公开课，这三位教师都学识渊博，但上课的风格却不一样。一位亲切自然，一位幽默风趣，另一位条理分明，他们各自不同的风格都会给学生留下深刻的印象。相反，如果一位教师讲课只是一味地给学生灌输知识，死板、中规中矩，而没有自己的风格，这样的课学生一定不喜欢听，更不会有什么学习效率了。

所谓的"有个性"，并不是说这个教师与大多数格格不入，而是应该有自己的教学风格，有不同于别的教师的过人之处。有的学生说"我更喜欢有个性的老师，古板严肃的老师不大可能让人学会除了书本之外的东西，有个性的老师更容易接近，也更容易受认可。"还有的学生说："老师首先是一个活生生的人，有血有肉，有真情实感，有人情味才能感染学生。"也许学生会尊重那些兢兢业业一丝不苟的老师，但他们更容易和那些有个性的教师产生心灵上的共鸣，更容易达到教育的效果，也更容易让学生

同过更多的渠道学到更多的知识。没有个性教育的文化土壤，创新教育只能是神话。

那么怎么才能成为一个有个性的教师呢？在中国近代教育史上，曾有不少有个性的优秀教师。上世纪30年代，北大的超级光棍金岳群，他在西南联大的时候养了一只斗鸡，吃饭的时候这只鸡都可以和他供餐。他平时还收集一些异物和学生比赛，输了便将之送给学生，然后再去买，再去比，其乐融融。而就是这样一位名师却从来不记学生的名字，每次课堂提问常说的一句话就是"今天穿红毛线的同学回答问题"，弄得这些同学紧张而兴奋。不久，校园里红毛线衣变成了一道亮丽的风景。可见他的魅力！更让人回味的是当毛泽东说"你要接触接触社会"的时候，80岁高龄的他便雇一辆平板三轮车每天到王府井兜一圈！闻一多先生也是一个极具个性的老师，他上课前必先点燃一支烟，然后蔼然一笑，绅士般地问道："哪位吸？"他的课堂是容许学生抽烟的。他上《楚辞》，第一节课打开高一尺半的毛边纸笔记本，抽上一口烟，用顿挫鲜明的语调说："痛饮酒，熟读《离骚》乃可以为名士。"名师的教学无不使他们个性的张扬，他们的传道授业也不仅仅停留在课堂四十五分钟之内，甚至他们的日常生活都是别具一格。

我们固然应该向名师学习，但是，很多教师为了当好一个合格的人民教师，大家拼命地向名师学习，向教参学习，向领导学习。最后，整个的教师雷同化，整个的教学枯燥化，整个教学质量也必然会随之下降。每一位教师都有自己的兴趣爱好和行事风格，那么为什么不来些个性化的教学呢？比如，喜欢喂鸟的老师将鸟笼带进课堂，让学生们走进鸟的世界；醉心大自然的老师带着学生走出课堂，让学生们在自己迤逦的湖光山色中放飞起那片片爱心；嗜好音乐的老师不妨来一个音乐课堂，让学生们在歌声中成长；口才极佳的老师多来几堂演讲比赛、故事会、交流会；会写作的老师充分发挥自己的特长，辅导学生办一份优秀的班报社刊，辅导学生多出几篇精品佳作……

其实，有个性的老师应该是：

摆脱了"集体言说"的人，而用"个体言说"实践着公共知识分子的使命；

应该是一个"精神"立命的人，把"立人"放在所有教育教学行为的基本点上；

应该是"感情用事"和"理智行走"的结合体，在学生的眼里不再只是教师，而是"导师"；

应该是一个敢"放"敢"收"的人。"放"表现在和学生一起天马星空措万物于笔端；"收"表现在课本上动文章，学生能取得一个好分数。

应该是一个真实的人。其真表现在知识面前的不虚假；其真表现在敢于揭开有脓的伤疤；其真表现在放下牧师度人的架子，和学生一起成长。

应该是一个己所不欲、勿施于人的人。他的创新思维、他的专业成长、他向精神高地不断攀登的精神，无时无刻不在影响着他的学生。

应该是一个耐得住寂寞的人。在寂寞的时光里潜心研究所忠爱的教育，即使所执著追求的教育不被人重视或者发现，有你的学生的欣赏就已经足够。

有个性的教师还应该是一条不断流淌的河流。在其河流的左岸写着"当下"，他应该活在当下，为教育事业而行走，即使孤独。在其河流的右岸写着"理想"，他应该有教育的理想与追求，构筑一幅美丽的教育图画，乐在其中快乐的舞蹈与唱歌。

## 第五节　为自己的未来工作

要有生活目标，一辈子的目标，一段时期的目标，一个阶段的目标，一年的目标，一个月的目标，一个星期的目标，一天的目标，一个小时的目标，一分钟的目标。

——列夫·托尔斯泰

刚刚走上教育岗位的教师都会有自己的雄心壮志，都有想在教育岗位上做出一番事业的决心。这种原有的雄心壮志和决心，随着时间的流逝，随着教育经历的加厚，教师的奋斗目标也在慢慢地变化着，但是有一点始终是不变的：每一个走上讲台的教师都希望自己将来能够成为一名成功的教师。但这并不是一朝一夕的事，可能是毕其一生之功，它是综合素质的突出体现，也是大众认同的必然结果。所以，并不是所有教师都能成为一名成功的教师。事实如此，那我们还有必要去追求、去奋斗吗？答案当然是肯定的。

我们不一定能成为一名成功的教师，但我们一定要有颗这样的心，要有成为一名成功教师的理想。因为理想、追求的高低，往往会决定一个人事业成功的大小。莫格利希曾断言："抱负是高尚行为成长的萌芽。"成功教师的成长内驱力非常重要，要成为一名成功的教师首先要有这样的想法，有成为名师的愿望和信心，这是一个前提，也是一个基础。有了这个基础，才有发展、培养的可能性。"不想当将军的士兵不是好士兵"，对于教师而言，不想成为名师的教师不是好教师，不想当成功教师的教师不是好教师。

名师、成功教师的称号，虽不能代表全部，但却是衡量教师成就大小的最好、最简单明了的尺子。

成为成功教师的奋斗过程是一个净化精神的过程，一个终身学习的过程，一个全面超越自我的过程。很多普通教师都是通过这些磨炼才走向成功，成为名师的。可以说这是一个教师自我成长，走向成功必须经历的一个过程。

　　名师离我们并不遥远，想要成为一名成功的教师也并不是我们想象中那么困难。我们暂时无法消化名师的思想，名师的理论，无法像成功的教师一样规划自己的教育事业，但至少我们可以踏着他们的成长之路，一步步向他们靠近。不管是名师还是任何一名成功的教师，他们都是由普通人成长而来，他们之所以成长为名师、大家、成为众人交口称赞的成功教师，一定有值得大家探讨和学习的地方。所以，教师要真正享受这个过程所带来的好处，就必须先有一颗迈向成功的心。

# 第三章　新时代师德的树立

教师作为一门古老的职业，与道德的纠葛可谓深矣。韩愈讲得很清楚："师者，所以传道授业解惑也。""传道"乃是教师的第一职责。而"道"，是"德"的本源。"德"也就是"得"。"道"得之于己，即所谓"德"。所以韩愈又说："道有君子小人，而德有凶有吉"。

西汉著名学者杨雄在《学行》中首次提出"师者，人之模范也"的观点，指出教师不仅要博学，而且要在道德上成为学生的表率，这样的教师就是"人师"，而只能传授经典知识的，只是"经师"。"经师易遇，人师难遭"。

"无德妄为师"。教师被誉为太阳底下最光辉的职业。学生不仅从教师那里学习知识，还能学会做人的道理。教师的劳动对象不是土地，不是机器，而是活生生的人，所以教师们的品行将对学生产生潜移默化的实际影响，在学生的成长过程中起到很大作用，甚至会影响一个学生的一生。"师德"，是教师职业道德的简称。它是教师和一切教育工作者在从事教育活动中必须遵守的道德规范和行为准则，以及与之相适应的道德观念、情操和品质。

师德是全社会道德体系的组成部分，是青少年学生道德修养的楷模之一。

# 第一节 爱岗敬业——师德的核心

教师是克服人类无知和恶习的大机构中的一个活跃而积极的成员，是过去历史所有高尚而伟大的人物跟新一代人之间的中介人，是那些争取真理和幸福的人的神圣遗训的保存者，……是过去和未来之间的一个活的环节。

——乌申斯基

教师是提高教育质量的关键，教师的状况、专业发展以及教学情况对于国家制订相应的政策具有重要意义。

最近，经济合作与发展组织（OECD）公布了第一次教与学国际调查（TALIS）的结果。这项调查的大量数据有力地证明绝大多数教师爱岗敬业，他们主动寻求专业发展，认真对待课堂教学，由衷地希望为所有学生提供高质量的教育，并愿意努力提高他们的技能。

教与学国际调查是经合组织教育体系指标项目的重要组成部分。这项历时两年的大规模国际调查研究共有 24 个国家参加。调查的目标人群是初中教师及校长，每个国家选取 200 所学校，每所学校选取 20 名教师填写问卷。由于荷兰的数据不符合要求，在结果中只显示了 23 个国家的数据。除教师与学校的一般情况外，调查主要包括四方面内容：教师的专业发展，评价对教师的影响，教师对教学的信念、态度与实践，学校的领导力和管理风格。

爱岗敬业首先就是热爱自己的学校，尊重自己的岗位，忠诚自己的工作，在平凡的岗位上作出不平凡的成绩。只有爱岗敬业的人，才会在自己的岗位上勤勤恳恳，不断地钻研学习，对工作一丝不苟，精益求精，这些都是师德的基础。

教育家陶行知说："捧出一颗心来，不带半根草去。"托起一缕真诚，用一颗对事业执著的心，忠于党的教育事业，无私奉献，爱岗敬业是从事教育事业强烈的使命感和责任感。

爱岗敬业，尽职尽责是教师基本的职业道德。教师职业是"人类幸福和自我完善"结合的职业。一方面，教师立足本职岗位，认真完成教育教学任务，培养合格人才；另一方面，在平凡的岗位，撒播爱心，享受充满活力的人生幸福。教师从事的是一种培养人、教育人的事业，这对社会文明进步发展起一个推动作用，因此，教师职业关系着千千万万的自我价值和人生幸福，关系着学生自由而全面发展的程度。

爱岗敬业，尽职尽责，它关注着教师的教育事业心。正确的教书育人，以及确立工作严谨的工作态度，爱岗敬业是一种对事业全身投入和不悔追求的信念，是拼搏奋斗的动力，以及事业成功的保证，教师的职业注定安于平凡，淡泊名利，讲究职业良心，它的平凡才能创造出不平凡的事迹，如果把平凡而神圣的教师岗位看作个人谋生的手段，那它永远也得不到成功。在教师岗位上，没有悠闲自在的舒适和安逸，只有默默无闻的奉献，认真负责、工作严谨是教师的需要，是道德责任感的体现，作为"人类灵魂的工程师"必须具有崇高的职业道德，在一行，爱一行，千万不能坐在这儿，这山望着那山高。

## 第二节　热爱尊重学生——师德的灵魂

使学生对教师尊敬的唯一源泉在于教师的德和才。

——爱因斯坦

学生的成长不只是阳光、雨露、面包和开水就能完成的。他们需要一样与植物和其他动物所不同的东西——这就是火热而真诚的心。中国有句古话："爱人者，兼其屋上之鸟。"教师对学生的爱，会被学生内化为对教师的爱，进而把这种爱迁移到教师所教的学科上，正所谓"亲其师，信其道"而"乐其道"，因此爱的教育是我们教学上的巨大推动力。教师关心学生，就能载起我们教育界称之为严格要求的那条很难驾驭的小舟。没有这种关心，小舟就会搁浅，用任何努力也无法使它移动。教师热爱学生有助于学生良好品格的培养；有利于创造活泼、生动的学习氛围，使学生保持良好的学习状态；有利于……而这一切，都是做好教育工作必不可少的条件。

赞可夫说："当教师必不可少的甚至几乎是最主要的品质，就是要热爱儿童。"英国教育家罗素指出："凡是教师缺乏爱的地方，无论是品格还是智慧，都不能充分地或自由地发展。"可见热爱学生是师德的核心。如果我们深层次地思考一下，教师劳动职业的特殊性决定了热爱学生是教师的天职。教师职业的最大特点是造就新一代。教师的劳动对象是人，而且是人群中最年轻、最有朝气，最喜欢学习，最容易接受新事物，最具丰富情感、个性独特的群体——少年儿童；教师的任务就是在教学过程中，凭着自身的个性、知识、才能、情感、人格和意志，把学生培养成德、智、体、美等全面发展的社会主义事业的建设者和管理者。由此可见，教师的劳动就是教育人、塑造人，教师才因此获得"人类灵魂的工程师"的美誉。教师这种劳动的特殊性决定了教师必须热爱自己的教育对象，热爱学生。同时，教师劳动的特殊性也规定了师生关系是学校里最主要的人际关系的特殊性，由于教师在整个教育教学过程中处于主导的地位，这就决定了在师生关系中，教师对学生的爱是主导方面，热爱学生成为建立和谐师生关系的前提，也就自然的成为调整师生关系的教师的职业道德规范。如果我们再深层次的思考一下，教师劳动职业的特殊性决定了热爱学生是全部教学活动的基础。在教与学的双边活动过程中，实际上是师生之间感情交流的过程，由于教的主体是教师，

客体是学生，学的主体是学生，客体是教师，只有主客体感情和谐一致的时候，教与学的任务才能很好地完成，才能形成课堂上的教与学的良好的互动佳境。由于教师热爱学生，就容易沟通师生之间的感情，形成一种相互信任的氛围，这时，教师就能深入准确地了解学生，有针对性地做到"因材施教"学生就会把教师的表扬看作鼓励，把批评当作爱护，表扬和批评就会在和谐的师生关系中成为积极向上的动力。如果师生关系不好，学生就会把表扬看成是"哄人"，把批评看成"与人过不去"。在这种关系中，批评和表扬都会成为教育的障碍。所以，只有教师热爱学生，才能建立起和谐的师生关系，也只有健全在和谐师生关系上的教育，才能增强教育的有效性。

我国著名教育家陶行知先生有句名言："你的教鞭下有瓦特，你的冷眼里有牛顿，你的讥讽中有爱迪生。"苏联教育家马卡连柯也说过："我的基本原则永远是尽量多地要求一个人，也要尽可能地尊重一个人。"

这些前辈都明白地告诫我们，教师要以民主、平等的心态对待每一个学生，要尊重每一个学生。无论这个学生是聪明的，还是愚钝的；是好看的，还是丑的；是优秀的，还是顽劣的。因为学生的心灵是极为敏感的，教师的任何一点亲疏远近，他们都能察觉到。所以教师决不能偏爱，更不能歧视。

教师只有内心充满对学生的爱和尊重，才会事事从学生利益出发，处处为学生着想，允许他们犯错误，维护他们的自尊心。在他们需要帮助时伸出援助之手，在他们需要鼓励时投去赞许的目光。同时教师的爱能拉近师生间的距离，增强师生间的调和力。教师尊重学生、爱学生，不仅意味着最终赢得学生的信服和拥戴，也还意味着教师能虚心地向学生学习。在教与学的过程中，与学生一起成长，共同进步。

## 第三节　为人师表——师德的基础

因为道德是做人的根本。根本一坏，纵然使你有一些学问和本领，也无甚用处。

——陶行知

身教重于言传。以身作则，为人师表是我国教师的一种传统美德。孔子说："其身正，不令而行；其身不正，虽令不从。"（《论语·子路》）教师以身立教，率身垂范，才有利于教育学生，培养学生的美好心灵。教师的自身的行为有时对学生产生的影响甚至要大于说教。著名教育家陶行知曾说过这样一句话："要学生做的事，教职员躬亲共做；要学生学的知识，教职员躬亲共学；要学生守的规则，教职员躬亲共守。"

除了父母，教师是学生相处时间最多，对学生影响最大的人。教师在教育中的示范作用是巨大的，学生总是以教师作为模仿效

法的对象，教师的思想、品德、行为、习惯都会在学生的心灵深处留下烙印，对学生的成长起着潜移默化的作用。加里宁曾说过："教师每天仿佛都蹲在一面镜子前，外面有几百双精细的，富于窥伺出教师优点和缺点的孩子的眼睛，在不断地盯视着他。"正因为如此，教师必须十分注意自身的修养，严格要求自己，把做人与育人统一起来，时时处处做学生的良好榜样，以大方得体的仪表，稳重端庄的举止，亲切和蔼的态度，文明礼貌的语言，严谨持重的行为和高尚的道德情操等，形成一种无声无形的教育动力，去感召学生、启迪学生，最终达到为人师表、教书育人的目的。

教育案例：

明明是一名调皮可爱的四岁小女孩，读小班的时候嘴巴甜，有礼貌，懂道理，是一个乖巧可爱的孩子。可进入中班一段时间后，家长反映，明明在家热衷于"当教师"的游戏，常常叫爷爷、奶奶、爸爸、妈妈坐在小板凳上，听她的指挥做动作。可最近发生的几件事让他的妈妈烦心不已。那天，明明说要"上课了"，爷爷还在喝水，动作慢了一点，明明不高兴了，非要爷爷站到墙边去"反思"，爸爸不高兴说了明明两句，明明竟对爸爸拳打脚踢，嘴巴里还直嚷嚷："我是大王，你们必须听我的。"等好不容易平息了"战争"，明明又把玩具、书籍丢得满屋都是，自己不收拾反叫爷爷奶奶收拾。特别是前几天天气很寒冷，明明非要穿裙子，妈妈给她讲道理，她也不听。明明的妈妈感觉到明明近段时间很反常，特地来和教师商量一下，找出明明变化的原因。

听取了明明家长的反映后，我特地观察了明明几天，发现她在幼儿园表现不错，上课坐得端正，对教师和小朋友也彬彬有礼，没有发现她有什么不对劲，可过几天我就发现问题的症结了：那天我偶然听到班上新来的保育员在斥责一名喝水的幼儿：快点喝，再喝得慢，把你关在黑屋子里去喝。我当时听了很震惊，这是一名新聘请的生活教师，外表很温柔，做起事情很利索，风风火火的，就是不怎么爱收拾，储物间、活动角里乱七八糟的，给她说了很多次也没见她改，孩子们很喜欢她，总喜欢围在她周围听她讲故事。我问她最近给孩子们讲了什么故事，她说她正在讲"奥特曼"，孩子们可爱听了，经常跟她一起玩"奥特曼"的游戏。我当即指出她工作中的不足，告诉她为人师表是一个重要的教育力量，对学生成长有重要意义。她的一言一行都影响到幼儿，而且她连续多天讲"奥特曼"的故事，幼儿年龄尚小，分不清现实与虚拟的世界，使幼儿崇尚武力，爱模仿武打，对孩子的成长很不利。生活教师听了我的一席话，意识到她工作中存在的失误，当即就表示立刻改正，并要我们时刻提醒她的言行。那些不和谐的音符再也没有在我班出现过。

除此之外，变化越来越快的形式也在要求教师必须不断进取。从我们准备当教师的那天起，就有许许多多的老前辈告诉我们，

给学生一杯水，首先自己要有一桶水。然而在时代前进的脚步中，教师有一桶水已经远远不够，教育这个行业需要的将会要求教师成为常流常新的小溪。要不断学习，不断充实自己，才能跟上时代的步伐，才能胜任教师这一光荣的职业。所以，教师应树立起"终身学习"、"永远探索"的思想，在教育实践中，潜心学习理论，运用理论，钻研业务，掌握现代科学知识，发扬探索和创新精神，为教育事业不断攀登，终生奋斗。

而我作为教育工作者，更要树立良好的职业道德，时时以育人者的标准严格要求自己，努力塑造好自己的人格，处处为人师表。认真钻研教育学、心理学、人才学，关心现代信息，要打破个人偏见，相互交流，相互学习，博采众长，使自己的常识专精博览，以适应新教育的要求，为培养现代化高素质人才而努力。

## 第四节　魅力人格——师德的生命

在教育中一切都应以教育者的人格为基础，因为只有人格才能影响人格，只有性格才能形成性格。

——乌申斯基

经常会听到孩子与孩子之间这样谈论"我喜欢某某教师，所以我也喜欢上他的课。""我最讨厌上某某的课，因为我不喜欢某某教师。"看似简单幼稚的谈话，却反映了学生会对教师的看法。

每一个学生都希望自己能碰到一位好老师，每一个教师都希望自己能够成为学生心目中的好老师。

那么什么样的教师才是最受欢迎的教师呢？

最受学生欢迎的教师应该是讲课生动、和学生融为一体的"朋友老师"。作为学生都希望老师不仅要有超高的智商，更需要他们拥有足够的情商，渴望拥有一位充满魅力、博学多才、幽默的新时代老师，来一起分享自己成长的快乐。要成为这样的教师，必须要打造出自己的魅力人格。理想的人格具有崇高的价值，具有巨大的感召力、凝聚力和渗透力。

那么每一位教师该如何完善自己，塑造高尚人格，让自身的人格魅力在教育实践中散发光芒呢？

## 一、教师要修其身，锻造高尚人格

为了使受教育者的人格健康发展，教师必须致力于塑造自己高尚的人格，要照亮别人，首先自己心里要有阳光和火种。

首先，一个品德高尚的教师应该要有正确的人生观和价值观，有热爱教育，献身教育的精神，要不断提高个人责任感和社会责任感，要将自己的生命融于人类和民族的发展进程，不断磨炼意志。其次，教师要具有修身意识，正人者必先正己。教师要处处严于律己，要有言行一致的人格风范，教师要求学生做到的，自己首先要能够做到。以求真、至善、达美作为自己的行为准则，事事为人师表，做学生的良师益友。要以积极向上的处世态度，

豁达乐观的胸怀，高尚的理想情操，崇高的敬业精神，坚强的意志品格，良好的心理素质去感染学生、教化学生，时刻意识到自己的言行对学生心灵的震撼。

## 二、教师要加强科学文化修养，培养创造能力

首先，教师要提升专业素养。专业素养和教学水平是一个教师在课堂上人格魅力的最直接呈现，也是影响学生业务素质的最直接因素。前苏联教育家马卡连柯曾说过："学生可以原谅教师的严厉、刻板甚至吹毛求疵，但是不能原谅他们的不学无术，如果教师不能完善地掌握自己的专业，就不能成为一个好教师。"因此，教师要增强理论深度，学习教育学、心理学等教育理论，不断提高业务水平，树立终身学习的自觉性，要密切关注现代科学的发展变化，善于吸收和利用新知识拓宽教学内容，将科学理论与教育实践结合起来，在实践中摸索、总结教育的规律与教育的艺术，提升人生品位。

## 三、教师要真切的关爱学生，理解并尊重学生

爱学生，就要尊重信任学生，既要严格要求，又要保护学生的自尊心。帮助学生树立自尊、自信，教会学生自爱与爱人。

教师最有力的"武器"就是情感的渗透和激励，既做学生学业上的严师，又做生话中的益友，行动上接近学生，心理上贴近学生，教学上就有了更大的吸引力和说服力，使学生有心里话愿和你说，敢和你说，做好学生的"人生顾问"。如果老师成为学生

的对立面，产生了情感抵触，道理讲的再多，学生也可能是充耳不闻。因此，教师在课余时间应尽可能多地和学生接触，经常到学生宿舍转一转，找学生聊一聊，和学生一块儿玩一玩，了解他们在学习上生活上的困难，并给予及时的指导和帮助。

尊重学生还应体现在公平对待学生上，教师待人接物要出于公心，对待权贵子弟不偏爱，对待贫寒学生能同情。这样，才能用无声的行动代替有声的命令，学生才会信服，在他们的心目中教师的形象才是可亲可敬的，教师的人格魅力才能激励学生。

### 四、教师要突破传统教学模式，提高教学水平

传统教育把教师当作传授书本知识的工具，教师按照教学大纲、教学参考资料的要求备课，按照教材的内容照本宣科，毫无新意。新的教育要求冲破传统的教学模式，实现由被动向自主转变。教师应当根据自身对教材的理解和具体教学活动的特点使教学目标具体化，从而将抽象的教学目标落到实处。即教师对教学内容的准备和实施教学过程加进自己的主观改造，内化成自身的素质，并根据学生的基础和差异灵活地进行处理，允许学生对已有的结论和标准答案提出质疑，从而在师生的相互思想碰撞中产生新的结论。

在课堂教学中，教师的魅力还体现在教师的语言表达能力上。语言准确生动，清楚明白，表达得体，使学生愿听并能引起共鸣，此时的语言就具有感染力和说服力。常可以看到这样的现象：同

样是学富五车、满腹经纶的教师，有的在课堂上旁征博引、深入浅出、循循善诱，课堂气氛生动活泼，师生之间产生良好的互动；有的却言辞干瘪、词不达意，课堂气氛单调沉闷，学生纷纷逃课。因而，"学会说话"也成为教师塑造人格魅力的重要内容。

## 五、教师要强化自身良好的心理素质

教师要保持积极乐观的心态，从容面对教育工作中的一切困难和挫折。教育工作是复杂的，对于每一位教师来说，不可能一帆风顺，难免会遇到挫折和失败，这就需要具备成熟的理智感，正确的挫折观，积极的自我暗示，良好的情绪调控能力，以及合理地情绪排泄的方式，一个情绪不稳定的教师容易扰乱学生的情绪。教师只有通过控制和掌握学生的情绪、情感，才能为成功的教育创造健康的环境。

陶行知在《南京安徽公学办学旨趣》一文中说道"要学生做的事，教职员躬亲共做；要学生学的知识，教职员躬亲共学；要学生守的规矩，教职员躬亲共守。我们深信这种共学、共事、共修养的方法，是真正的教育。"小学生年龄小，教师在他们的心目中有着崇高的地位，他们具有很强烈的"向师性"，教师的思想、品德、学识、作风等在学生中起着潜移默化的作用。因此作为教师，我们要在言行举止各个方面严格要求自己，以自己的人格魅力为学生做好榜样。

教师的人格魅力体现在渊博的学识和教书育人的能力上。我听过很多特级教师上的课，我认为特级教师的课之所以能吸引学生，很大程度在于他能以书为本，同时根据学生的学习情况而拓展延伸，充分根据学生的实际因材施教。一位优秀的教师，不但在教育教学上游刃有余，而且善于处理、协调跟学生以及同事之间的关系，创造融洽和谐的工作氛围，以利于获得事业的成功。

教师的人格魅力体现在善良和慈爱的态度上。陶行知先生做了一辈子教师，他的教育思想广为流传。他在平等的基础上善待每一个学生，不会因为学习成绩的好坏与家庭背景的不同高看或歧视某些学生，在他的心里，教好每一个学生是教师的天职，他不仅是学生的良师，也是慈爱的长者，更是学生的知心朋友；不仅关注学生的学业成绩，也关心学生的思想品德与行为习惯，更把学生的喜怒哀乐、寒暑冷暖放在心间。

教师的人格魅力体现在对学生的信任和宽容上。一位有经验的教师，在课堂上会把学习的主动权交给学生，让学生在探索之中享受成功。他们是指导者和引路人，从不把学生看做知识的容器和考试的机器，他们相信学生的能力并想方设法锻炼提高学生的能力。他们很少对学生说你必须这么做，他们更喜欢对学生说：想一想，你应该怎么做。在人品上他们更是给学生以充分的信任，哪怕是学生有过失的时候，同样相信学生改正过失重新开始的能力。他们不光看到学生的现在，更关注学生的将来，从而利用现在为学生将来的发展打基础。他们既是学生现在的引路人，也是

学生未来发展的设计师。

　　实践告诉我们：要想作一个成功的教师，首先要作一个充满美好的人格魅力的人。事实上，能否能赢得学生尊重和爱戴，不是单方面因素决定的，教师的学识、能力、性情、品德修养等综合素质融铸成其人格，这是一名教师吸引学生力量的主要源泉，教师的人格魅力也对学生有着深远影响。让我们每一个教师努力地培养自身的素质，用自己健全的独特的人格魅力来影响和教育我们的学生，为构建和谐的校园生活贡献自己的绵薄之力。

# 第四章　良好的课堂驾驭能力

　　教师要想上好一堂课，只是写好教案，认真备课，努力钻研教材还是不够的。相同的教案，相同的教学设备，相同的学生，这个老师去上和那个老师去上，可能效果就会不一样。为什么会出现这不一样的效果呢？我认为，这就是老师驾驭课堂能力的高低造成的。那么，教师怎样才能驾驭好课堂呢？如何才能把课上得生动活泼呢？根据我几十年的教学积累，我认为，掌控好课堂教学环节是驾驭课堂的关键。

　　教师驾驭课堂能力是上好课的关键，所以每个教师在教学工作中都要努力提高驾驭课堂的能力，做个优秀的教师。

## 第一节　营造积极的课堂环境

要把学生造就成一种什么人，自己就应当是什么人。

——车尔尼雪夫斯基

　　课堂是一个特殊的环境，在这个环境中包括教师、学生以及周围的环境。环境具有潜移默化的作用，积极的课堂环境可以引

导或改变学生的行为。一种积极的课堂环境不仅包括良好的物质环境，更主要的是课堂气氛的营造。

物质环境主要是指教师对教室空间的利用，发挥教室的最大功能。比如：教室的墙壁上可以张贴名人名言或者画像，各种评比表，以此来激励学生进步。还可以将学生的作业、作品展览出来，给学生一种成功的体验。在教室的天花板上还可以装饰一些与季节相符的花、草以及其他装饰物。这些装饰物可以由学生自己设计制作，这样既美化了环境，又增强了学生对班集体的责任感。在教室的窗台上可以摆放一些绿色植物，或者摆放一些做科学小实验或者展览的手工作品；在教师的小角落里还可以开辟一个"阅读区"。在整个教室环境的布置和设计可以让学生参与到其中来，让学生出主意、想办法。

教室的环境应该在井然有序中透露出丰富多彩。学生的桌椅不能乱摆放，收上来的作业应放到固定位置，未完成的作业不能到处乱扔，地板上不能有纸屑和粉笔头之类的东西。教室中保持整洁、有序是最基本的条件。但是如果是一味地追求这样的整洁、有秩序，而忽略了教室环境的布置安排，会给人一种空荡的感觉，这样的环境也无法满足学生和教师的需求。最好的教室的环境应该是在保持整洁有血的同时，又应该是丰富多彩。有人批评说：倘若教室的环境过于丰富，会在教学活动中分散学生的注意力。其实这种说法并不是完全正确。因为教室的环境并不是在短时间之内形成的，而是在较长时期内形成的。所以，并不会给学生带来过量刺激。相反，精心布置的教室环境对学生来讲不只是对环境的装饰作用，而是一种潜移默化的影响。在这些布置中包含了学生自己的作业、手工作品、小发明等。置身于这样一种环境中会激发起学生努力学习的愿望和追求成功的理想。而对于教师来说，空荡荡的墙壁意味着教学目标的制定缺乏全面性，因为没有发挥出教学环境应有的作用。

教室不仅是学生接受知识的地方，也是教师传递给学生信息的地方。所以，在教室中还应该放置丰富的教室设备和教学材料。比如：各种书籍、教学用的音像制品等。这些东西可以放在学生可以接触到的地方，而且只能在一个固定时间里让学生可以自由使用。

此外，教师在布置和安排教室环境的时候还要注意一下几个特点：视野开阔、交流方便、容易接近和安全性。具体如：

①教师可以很容易地从教室的每个位置观察到学生。

②在进行学习指导时，教师可以毫不费力地接近每个学生。

③经常使用的教学材料和设备应该放置在随手就可以取到的地方。

④不对学生们观看黑板和投影等教学材料造成影响。

⑤在低年级的教室中，要避免危险物品的存放。如小刀、化学物品等。

课堂气氛是课堂环境的重要因素。课堂气氛主要是通过课堂活动的展开来实现的。课堂气氛的好坏不仅需要一个良好的物质环境展开，还需要教师的努力。良好的课堂气氛能调动学生的积极性，激发学生的学习兴趣，丰富学生的情感体验，进而影响到课堂学习的效果。心理学家告诉我们：一个人的感情、注意、记忆、思维、想象等智力因素都受主题情绪的影响，当一个人精神轻松愉快情绪稳定饱满时，学习兴趣和信心，就会倍增，就会努力追求，接受能力强。因此在有经验的教师教学时，都努力追求一种生动活泼轻松愉快的课堂气氛。总之，良好的课堂气氛是贯穿一堂课的始终的，是需要师生之间的互动来完成的。

教师首先要从自身做起。

## 一、精心设疑，提倡思考

学习兴趣是学生形成稳固学习内驱力的前提和条件。枯燥、沉闷的气氛和教师讲学生听的"满堂灌"教法，只能使学生兴味索然。我国古代教育家已经认识到"学贵有疑"的重要观点，并提倡"学则有疑"的教学思路。如何有意识地精心设疑，诱发学生思考问题、唤起他们求知欲，是营造良好课堂气氛的根本途径。营造课堂教学的良好氛围，教师还可以借助教学多媒体，如电视、录像、录音等，让学生调动多种感官去领悟和体验。例如，在讲授《孔雀东南飞》时，教师可以从古代的四大传说讲起，并在课堂上播放小提琴协奏曲《梁祝》，铺垫一种凄楚哀婉的情感基调，把学生引入课文的情节当中，为学生营造具有启发性的课堂气氛，把他们的注意力吸引到对爱与美的追求上来。

## 二、循循善诱，引导活动

对于教学中的难点和重点，与其由教师不厌其烦地反复讲解，倒不如适时地将问题作为中心开展课堂活动，尽可能调动学生思维的主动性。这样做，虽然课堂面貌会失去原有的肃静和稳定，打破常规的纪律状态，但却能引发学生强烈的学习兴趣，调动他们主动的思维，发挥他们学习的主体性。在语文教学中，读是很主要的一个环节。上课的时候，教师应注重读，但更应注重读的方式和方法，那种"滥竽充数"式的读是没有什么效果的。从方式方法上来说，我们可以把"读"分为"个人读""小组读""带读""抢读""竞赛读""表演读"等，其中学生最喜欢的就是"竞赛读"和"表演读"了。"竞赛读"的具体操作程序是这样的：一个学生读，其他学生听；等他读完后，大家讨论并指出他读的过程中读错的字，并在其基本分上加减分。由于有了这个强有力的竞争机制，学生上课的参与热情相当高，他们在听读的时候专心仔细，能把别人读错的字找出来，并且轮到自己读的时候也相当认真。"表演读"以小组为单位进行，可以适当地配以乐曲和动作，达到情景交融的境界。

## 三、相互尊重，融洽情感

心理学研究表明：人们感情的好坏，对交流思维有极重要的

影响。在教学中，情感问题对营造良好的课堂气氛显得尤为重要。教与学，是师生双方的事，这种高级思维活动的交流，没有一个相互融洽、相互尊重的情感，就不会有默契的配合。我们常发现某班学生喜欢某位老师，从喜欢他的知识渊博到喜欢他的气质；从喜欢他的风度到喜欢他的语言；由喜欢老师到愿意上他的课，到喜欢他所教学的学科。这就是师生情感相互靠近的表现，也是相互尊重的结果。很难想象，一个态度严厉，把学生看成是受管制的对象，动辄对之训斥的老师能赢得学生的爱戴。当今的青少年，由于生活环境的改变，往往有很强的自我意识，我们应该充分地认识这一点，并尊重他们。要做到师生间的相互尊重，教师首先要从自我做起。教师尊重学生的人格，不使用过激的语言，对营造良好的教学气氛而言是必需的。在课堂上，教师的表扬要多于批评，批评也要力求含蓄，要注意保护学生的自尊心和学习热情。例如，教师提问后，对学生不够完善的答案可以用"不错，谁能讲得更好"来回答；对于完整的答案用"谁能为他补充"来回答；而对于错误的答案，则可用"谁与他的想法不同，为什么"来暗示其错误及原因。

## 四、严谨执教，松而不乱

还有一点需要注意的是，所谓良好的课堂气氛，并非以学生的随意性为出发点，遵纪是宽松的基础，也是良好的课堂气氛存在的必要条件。对于低年级或自制力较差的学生，教师在营造宽松的课堂气氛时，要注意抑制学生的不良习惯，规范他们的行为。常用的方法就是不断对进入宽松状态中并积极学习的学生予以鼓励，对违反纪律的学生予以纠正和教育。

## 第二节　激发学生的学习兴趣

兴趣是生长中的能力的信号和象征。我相信，兴趣显示着最初出现的能力，因此，经常而细心地观察儿童的兴趣，对于教育者是最重要的。

——杜威

孔子说过："知之者不如好之者，好之者不如乐之者。"可见这位古代教育家是十分重视培养学习兴趣的。爱因斯坦也常说："兴趣是最好的老师"。的确，兴趣是开发智力、挖掘潜能的钥匙，也是推动人们行动最好的动力。只有激发学生探究的热情，才能使学生具有发现问题并积极探求的心理取向，将自己对数学的探究内化为一种需要，一种乐趣和一种强的内驱力。在课堂上重视培养学生的学习兴趣，创设轻松愉快、生动活泼的课堂气氛，是激发学生学习动力的关键。在实际教学中，教师须使十八般武艺，善借于物，切合实际地创设情与境，让学生对课堂感兴趣，才能让学生真正"卷入"学习活动中。那么，如何激发学生的学习兴趣呢？

## 一、巧妙地设计好导课，引起学生的兴趣

导课是课堂教学中的一个重要环节，优秀的老师总是想方设法地巧妙地设计上课的导语。好的导课，能吸引学生的注意力，增强学生的学习兴趣，使学生渴望学习，为整节课的教学打下良好的基础。导课的方法很多，我通常采用的以下方法导入新课：讲故事导入、悬念导入、设问导入、旧知导入、联系实际导入、介绍导入。

## 二、实施"快乐教学"，为学生提供轻松愉快的学习氛围，激发学生的学习兴趣

心理学的研究表明，轻松愉快的学习氛围能使学生以愉快的心情去学习思考并获得知识。课堂教学要创造一个欢快的学习氛围。老师要真诚地爱学生，把微笑带进课堂。课后与学生多接触，多交谈。学生觉得老师和蔼可亲就会喜欢这位老师，进而迁移到课堂，从而影响学习成绩。实践证明，当学生心情愉快，思维敏捷时，学得轻松愉快，学习效率也随着提高。

## 三、对学生采取赏识教育，激发学生的学习兴趣

心理学研究表明：人性中最本质的需求是渴望得到赏识。学生都有成就感和荣誉感。当他们的行为得到肯定、表扬时，他们就会有一种成就感和荣誉感，进而对所做的事产生兴趣。教师要赏识每一位学生，永远不要对他说"你很笨"、"你不行"，不要挫败他们的自信心。赏识是开启成功大门的钥匙，是成功的翅膀。课堂教学中，老师对学生要多表扬鼓励，少批评。特别是对成绩

差的学生，批评多了，他就很可能对学习永远没有信心。

教学是老师的教与学生的学的良好结合，学生是学习的主体，教师是主导，而学生学习的内在动力是兴趣。正因为如此，打开学生的兴趣之门，引导学生对学习产生浓厚的兴趣，是我们每一位教师义不容辞的责任。只有想方设法激发学生的学习兴趣，才能调动学生的内在潜能，自学学习、思考，提高教学质量。

案例：杠杆的学习（一位教师的自述）

在学习"杠杆"一节课时，当我让学生自己探究杠杆的平衡条件时，我先在杠杆两边分别挂上不同数量的钩码，让同学们移动并调到杠杆平衡时，学生的脸上露出了喜悦的表情，我又说："谁来讲台上给杠杆挂上钩码，也能让杠杆平衡。"

突然，一名平时不学习的同学快步走来并说："我来试一试，这很简单。"同学们都很惊讶。

你看，他先在杠杆左边一个钩上挂上三个钩码，又在右边一个钩上挂上两个钩码，然后来回移动，大家静静地看着，不一会儿，杠杆已经重新平衡，我带头鼓起了掌，大家也跟着鼓掌，他受到了老师和同学的鼓励，心里甜滋滋的。

这时，又一位同学走来，说"让我试试"。

他先在杠杆左边一个钩上挂上了三个钩码，又在右边一个钩上挂上一个钩码，来回移动，杠杆就是不平衡。

下边的同学都在给他出谋划策，有的说向右移动一格，有的

说向左移动一格，他反复实验，经过多次移动，终于调平衡了。我再次带头鼓掌，大家的脸上露出了久违的笑脸。最后我作了总结性评价："你们真有本事，能在这么短的时间内让杠杆平衡，以后我们要多动手实验，一定能达到你意想不到的收获。"

教学是人的教学，教学因生命而精彩。师生的一举一动、一言一语、一瞥一笑都可能造成教学的"一波三折，"引出精彩无限，给人意外的惊喜和意外的收获。这种精彩，虽然无法预约，但是可以捕捉，可以放大，关键在于教师须具备一定的生成意识和高超的调控艺术，学生发展一定存在差异，要尊重学生的个性差异，保护学生的自尊心和学生兴趣，要给孩子更多的时间和空间，让他去努力进步，让过程长一点儿，让兴趣多一点儿，让形式活一点儿，这样才能激励学生，培养出符合新世纪的人才。

## 第三节　合理安排课堂时间

必须记住我们学习的时间是有限的。时间有限，不只是由于人生短促，更由于人事纷繁。我们应该力求把我们所有的时间用去做最有益的事情。

——斯宾塞

课堂只有40分钟左右，这是不可改变的事实，而一个教师能力的展示主要是通过课堂授课来体现的。一个教学效益高的课堂必然是充分体现教师教学的有效性与学生学习的有效性相统一的课堂。从课堂教学的现状看，许多教师导言过长，颇有"喧宾夺主"之势；板书过多，侵占了课堂宝贵的时间；重复啰唆，把课堂时间用来唱"催眠曲"；苦口婆心，一讲到底，自以为是抓紧了时间，其实是把学生当做时间的奴隶。凡此种种，都说明课堂教学的时间管理缺乏计划性和科学性。

从时间与效益的关系看，如何在有限的时间内提高教学效益，将这有限的时间充分利用起来，是每一个教师需要思考的问题。同时，要科学管理好课堂教学时间，必须明确三个观点。其一，课堂教学时间和教学质量不成正比。其二，要正确认识在教学时间使用上的得失关系：没有学生精神松弛的时间上的所失，就不可能有"记住所学的全部知识"的所得。其三，要明确"一张一弛""疏密相间"是课堂教学时间管理的基本原则。

首先，在一堂课的开始要有一个精彩的导入，把学生的积极性和学习兴趣调动起来。教学《猜想与验证》一课，教师和学生见面时——

师：猜一猜，老师的年龄是多少？

（学生这时胡乱猜：35、40……）

（教师不能让学生多猜，没有控制的猜，一是浪费了时间，二是这种无意义的猜，会把学生的思维带到其他地方去。有学生

**成功教师的成功策略**
Chenggong Jiaoshi De Chenggong Celüe

曾把一位 30 多岁的教师估计到 50 多岁。)

师：怎样才能猜得更准一些呢？

（学生想到需要教师提供一些资料：哪一年毕业，哪一年参加工作，希望看一下老师的身份证等。）

师：老师的年龄是 6 的倍数，那你现在在猜猜看？

教师通过一系列让学生猜猜看的活动，不仅活跃了气氛，更重要的是把学生的思维带到了"验证"这一教学内容上来了。这就为下面的"猜想与验证"埋下了伏笔，不知不觉把学生引入了课堂，其实已经给学生上了一课。

从心理学与生理学角度来说，课堂前 5 分钟是激发学生兴趣的最好时机。如果教师在 5 分钟之内还不能将学生的研究引入正题，那么下面的环节必然受到课堂时间和学生心理两方面的影响。由此看来，一个好的情境导入对课堂时间的控制非常重要。

其次，在授课过程中要给学生留下充足的思考时间。

在让学生回答问题之前，教师应该给学生留出足够的时间。当一个问题提出后，学生在回答之前，最起码留给他们几秒钟的时间进行思考。那种一问全班都能回答的问题肯定是没有多大价值的。几秒钟可以让更多的学生参与到问题的讨论中来，语言的组织、逻辑的安排会更合理。同样，在学生合作交流后进行汇报前，也应留出一定的时间，让学生商量一下，用什么样的方式汇报，汇报什么样的内容，怎样让大家信服自己组的探究结果等等，同时反思自己的研究过程，哪些是和我们刚才开始想的一样，哪些是事先没有想到的；如果成功了，想一想有哪些好的经验；如果没有成功，反思失败的原因又是什么；哪些地方做得比较好，哪些地方做得还不够，下次需要改进……这些都是应该留出时间让学生思考的问题。

合理安排独立思考与合作交流的时间。独立思考与合作交流是当前新课标注重的两种学习方式。合作学习前安排一定时间让学生独立思考，这将关系到合作学习是否有效的一个重要方面，是非常必要的，它关系到合作学习的质量好坏。因为只有建立在独立思考的基础上，学生对所合作的问题才有一个较深层次的认识，形成对解决问题的一种独立的看法。这样，在合作时，才能将自己的思维过程与同伴交流，使合作更有成效。而现在的教师往往为了气氛的活跃，动不动就合作交流，却忽视了给学生独立思考的时间，使好多时间都成了形式。

给学生有限的自主时间。教师给学生合作必须要有充分的时间，但也不能无限制的。即给出一定的时间，请学生在有限的时间里把任务完成。当然这个时间是根据全体学生的状况而给定的，能够保证绝大多数学生完成任务。这样，在学生的头脑里就会有时间概念，在研究的时候就会考虑采用小组合作，并进行必要的

分工；在汇报时，也会想清楚哪些是重要的，该怎样来表达。在一些公开课上，可能是时间比较充足或欲设不够仔细，让学生长时间的合作交流。而实际上好多学生都在聊天，并不是真正的合作。如果有了时间的限制，学生就会抓紧了，那么也就提高了课堂教学的效率。看到过这样的一个片段《千以内数的认识》，教师让学生按要求数数。第一题："十个十个地数，从四百五十数到五百二十"。（幻灯出示）第二题："一个一个地数，从一百九十七数到二百零四"。老师把题目要求停留了几秒钟，就关掉了幻灯屏幕，请学生把题目要求复述出来。虽然只是一个这样的小细节，但若经常用这种方式训练学生，肯定能把学生的注意力高度地集中到课堂上来，提高学生的专注率，从而也就提高了教学的效果。

再次，授课过程中要把握课堂教学的最佳时域。

据心理学家研究，一堂课学生思维的最佳时间是上课后的第 5 分钟到 20 分钟。从上世纪 50 年代起，我国的教育家深受凯洛夫的影响，采用五段教学法或四段教学法，有的还对每一环节的时间作了明确的规定，其目的都是想让学生在思维的最佳时机学习新的知识。所以我们教师一般都把新授的内容安排在上课后的第 5 分钟到 20 分钟。如果 5 分钟内还没有切入新授知识，或在 20 分钟后还没有结束新授，将可能会降低教学的效果。

最后，给学生留下课堂作业的时间。

一堂数学课教学质量的好坏，用作业的正确率来检验是其中一个重要的指标。如果一节课没有对新学的知识进行作业练习，从知识这一目标来说是很难达成的。所以我们在教学设计时，应该留一段时间给学生独立作业，并能及时反馈，这样才能达到这堂课的教学目的。

课堂教学的时间管理要科学，科学的依据只能是教学内容的实际，而不能用一个"模式"去"肢解"40分钟。

## 第四节　管理课堂纪律

没有纪律，就既不会有平心静气的信念，也不能有服从，也不会有保护健康和预防危险的方法了。

——赫尔岑

课堂是进行教学的场所，为了保证教学活动有条不紊地进行，必须要有一个良好的课堂秩序，并使其固定化。这样才能保证课堂教学的丰富多彩地开展。

课堂纪律其实是一种课堂规范，是课堂管理的依据。明确课堂纪律要结合本班的具体情况来制定班级的学习制度、纪律要求等。有了目标，学生才会有自我约束的方向，有自我管理才有章可循。学生不仅可以通过规范来约束自己的行为，还可以通过这

种规范来评价别的学生的行为。教师在评价学生的言行时也就有了判断标准，如果出现学生违反纪律的现象，也可以做到有章可循。积极、正确、有序的课堂纪律，有助于形成一种愉快和谐的课堂气氛，从而促进学生发展良好的课堂行为，激发学生的进取心。

下面的案例就很好地说明了这一点。

张老师执教三年级的科学课。他的一堂实验课，充分说明了什么叫做"无规矩不成方圆"。

这堂课的课题是"把瓶子里的气球吹大"。

铃声响过之后，张老师对同学们说："今天我们一起来做个科学研究，先看张老师做，仔细观察，等会儿告诉大家，你到底看到了张老师做了什么？"他像变戏法似的从桌子底下拿出一只空的矿泉水瓶，又从口袋里掏出一只气球，将气球放进瓶子里，并吹大了。接着张老师对学生说："大家也有空瓶子和气球，想不想也来试试？"孩子们开心地说："想！"有的学生边回答边动起手来，有不少学生止不住与同学互相交谈起来。见此情况，张老师马上对学生说："我们这节课主要动手，动脑想，现在大家的任务是动手把瓶子里的气球吹大了，看谁先把气球吹大。"听张老师这么一说，教室里马上安静下来，大家都开始动手做实验。不一会儿，教室里有渐渐有学生开始说话，张老师问："不是说用手做，不说话的吗?"胆儿大的学生说:"老师,我们怎么吹也吹不大。""老师吹大了,同学们想想看,你们为什么吹不大呢?能不能想想办法?不准讨论,只能自己研究。"一会儿,有两个地方有小小的声音出来了,张老师说:"哟,吹大了,不能说话,把你的办法先用图画出来,然后再写出步骤,等会上台做一下讲解。"教室里又恢复了安静。

按照大多数教师的经验,只要是动手做试验的实验课,教室里肯定会充斥着学生的吵闹声。可是,张老师却能让学生安静下来,认真地去思考、去做试验。这一切都源于张老师能在课上给学生定出一个规矩,就是:我们这节课主要是动手做,动脑筋想。"无规矩不成方圆",张老师在课堂上给学生制定了规则,但又让学生动手动脑,达到了预期的教学目标。所以说,张老师的课堂是成功的。

很多教师都有经历课堂教学失控的尴尬。他们在课堂上给学生充分的学习自主权,但却无法驾驭课堂。尤其是刚走上讲台的新教师,他们其中甚至都有想放弃的想法。还有一些老师说:"我都对自己失去信心了!学生一点都不听我的话。"出现这些问题的症结在于,这些老师在一堂课的开始,或者下达学习任务之前没有明确的学习要求,所以才会出现课堂失控的局面。

虽然新的课程改革强调要以学生为主体,在教学过程中要

培养学生的合作、探究学习能力。但在实际的操作过程中却并非如此简单，课堂如一潭死水一样沉闷是不行的，但是学生太活泼了也不行，重要的是如何如把握一个度，在调动学生积极性的同时，还要保证学生不能扰乱课堂秩序。在进行教学准备工作时，不仅要备好课，还要设想可能会出现的各种各样的突发情况，提前做好准备，给课堂一个必要的规定，以确保一堂成功而有效的课。

# 第五章　爱的教育

　　爱是人类的永恒话题，是人类最基本的情感，而在教育中，爱更是教育的灵魂和生命。对孩子进行爱的教育，是教育的关键，也是教育的基本要求。爱需要教育，教育也需要爱。

　　法国作家拉封丹有一则寓言：有一天，北风和南风比威风，看谁能把行人身上的大衣脱掉。北风自恃力大，先刮起了刺骨的冷风。结果，为了抵御北风的侵袭，行人便把大衣裹得紧紧的。与北风不同的是，南风不慌不忙徐徐到来，行人顿时感到春暖惬意，始而解开衣扣，继而脱掉大衣。于是，南风获得了这场比赛的胜利。这则寓言也被人们称为"南风法则"。它形象地说明一个道理：温暖胜于严寒。"南风法则"适用于教育教学，它启示我们，教师在教育学生的过程中，要尊重关心学生，树立"以人为本"的教育理念，实施"爱的教育"，否则，教育就不会起到应有的效果。

　　要进行爱的教育，老师自己首先要学会爱。言传重要，身教更重要，自己有爱，才能授人以爱。老师要切实地以爱心、以爱的行动去对待每一个学生。在学生心中播下爱的种子的最好方法

是老师身上充满爱，老师自己就是爱的化身，爱的使者，以爱育爱，让学生的心灵永远处于阳光的温暖之中。

# 第一节 用爱去读懂学生

教育上的水是什么？就是情，就是爱。教育没有了情爱，就成了无水的池，任你四方形也罢，圆形也罢，总逃不了一个空虚。

——夏丏尊

每个人都渴望爱与被爱，爱是世界上最美丽的语言，爱是世界上最伟大的力量。教师的爱，能化解学生心中的坚冰，能给学生带来希望。相反，如果一味地对学生进行知识灌输，而缺乏爱的教育，则会对学生的一生产生很坏的影响。有这样一个故事：

一个初三的男孩毕业考试没有通过。他的父亲很焦急，于是把他带到教师面前。

"毕业考试怎么没通过呢？"教师问他。

"我厌学。"他回答得很直率。

"为什么厌学呢？"

"我讨厌教师。"

"教师都是爱孩子的呀！"

"那是过去的教师，现在的教师不爱孩子，恨孩子。"他肯定地回答，目光中冒着冷气。

教师很诧异，但却又非常理解他。

古人云："亲其师，善其道"，有许多学生喜爱一门课，其原因是喜欢教这门课的教师。今天的教育中缺少了一种重要的力量，那便是爱的力量。如何进行爱的教育，如何读懂一个学生真正的内心呢？用爱去了解学生，一个关爱的眼神，一句亲切的问候，一个温馨的微笑，都会给学生带来精神的愉悦，心与心之间的距离也就变成咫尺之遥。

## 一、眼神的交流

眼睛是心灵的窗户，眼神则会展示这扇窗子里面的全部内容。

有的教师，总是用挑剔的眼光看孩子，总觉得这届的学生不如上届的学生好，总唠叨学生这不行那不行，其结果就真的不行了。

有的教师则善于运用爱的眼神：一个理解的眼神，就可以让没有自信的学生找回自我；就可以让一个鼓励的眼神，就可以让拙于回答问题的学生大胆地举起手来；就可以让一个退缩不前的学生勇往直前；一个赞扬的眼神，就可以让学生体会到被教师肯定的快乐，激励着他们向着那无限顶峰不断前进。

有这样一个故事：

93 岁高龄的日本小儿科医生内藤寿七郎先生，也是一位著名的教育家。爱哭闹的孩子只要一见到内藤先生就会停止哭泣。

有一天，一位妈妈带着 2 岁男孩前来找内藤先生看病。妈妈说，一升装的牛奶，这孩子一口气就能喝光。因为喝牛奶超量患了牛奶癣，皮肤刺痒睡不着觉，举止焦躁不安。

内藤先生不慌不忙地将白大褂脱下，然后跪在那个男孩面前，看着对方的眼睛。

"你喜欢喝牛奶吗？"内藤先生温和地问道。男孩点点头。

内藤先生仍然目不转睛地看着他说："如果不让你喝你特别喜欢喝的牛奶，你能忍得住吗？"

男孩显出一副烦躁和不满的神色，并且把脸扭向一边。

内藤先生并不气馁。他跟着转到孩子面前蹲下身子说："你可以不喝牛奶的，是吗？"不管男孩怎样不耐烦，拒绝回答，内藤先生的目光一直充满着信赖，口气也十分诚恳。终于，男孩轻轻地点了点头。

奇迹发生了。男孩回家后不喝牛奶了，湿疹症状很快消失。一年半以后，他的母亲认为可以少喝点儿牛奶了，可男孩说："大夫说能喝我才喝。"母亲只好请内藤先生来帮忙。

这一次，内藤先生仍然是看着男孩的眼睛，微笑着说："你现在可以放心地喝牛奶了。"从那天起，男孩真的又开始喝牛奶了。

藤先生通过这件事总结出：哪怕是才 2 岁的孩子，只要他明白了道理，就能控制自己。于是，他提出了一个响亮的口号："爱的目光足够吗?"这个口号提出至今已经半个多世纪了，现在听起来仍然觉得十分亲切。因为，今天的孩子依然渴望爱的目光!

作为学生，更加渴望教师那充满理解、关爱、鼓励的目光。因为学生可以从中感到教师的理解、关心、鼓励，同时也体会到了被教师尊重的感觉。只有这样，学生才会勇于表现自我，展示自己内心的真实想法。

## 二、爱的微笑

微笑乃是具有多重意义的语言，无声的笑可以胜过有声的语言。笑，是爱的体现。曾经听到过这样一个关于微笑的故事：

有一位单身女子刚搬了家，她发现隔壁住了一户穷人家，一个寡妇与两个小孩子。有天晚上，那一带忽然停了电，那位女子只好自己点起了蜡烛；没一会儿，忽然听到有人敲门。

原来是隔壁邻居的小孩子，只见他紧张地问："阿姨，请问你家有蜡烛吗?"女子心想："他们家竟穷到连蜡烛都没有吗？千万别借他们，免得被他们依赖了!"于是，对孩子吼了一声说：

"没有！"

正当她准备关上门时，那穷小孩展开关爱的笑容说："我就知道你家一定没有！"说完，竟从怀里拿出两根蜡烛，说："妈妈和我怕你一个人住又没有蜡烛，所以我带两根来送你。"这时女子自责、感动得热泪盈眶，将那小孩子紧紧地拥在怀里。

孩子天真善良的微笑往往容易感动成人。同样，成人的微笑也会给孩子带来快乐。微笑是一种无声的语言，它带给人的作用往往是相互的，微笑能把好心情传染给每一个人。

对于学生来说，教师的微笑往往在他们的求学生涯中起到很重要的作用。但是，在很多学校的课堂上，很多教师都是绷着脸来上课的。教师的微笑哪儿去了？著名教育专家卢勤女士曾在北京市宣武区的一所学校进行过采访。采访中发现学校中队的日记里就有这样一篇文章：《教师的笑脸哪儿去了》。文章中说，所有的教师都是绷着脸来上课的，只有美术教师笑眯眯的。结果，课堂上有高声讲话的，有借东西的……美术课成了乱哄哄的自由市场。美术教师被逼无奈只好收起笑脸，也绷着脸来上课了。这叫"给脸不要脸"。但是，大多数情况下，并不是因为学生的无理取闹或者"给脸不要脸"的行为而使教师收起自己的笑容。很多情况下是教师吝啬自己的笑容，或者害怕自己的笑容会失去对学生的威慑力。

　　微笑是教师获得学生信任的最快途径。曾经有人做过这样一个实验：一个新教师，在刚走上讲台的一段时间内，总是为学生的调皮捣蛋行为头疼。后来有人发现，这个教师在讲课的时候一副不高兴的样子，一整堂课上竟然都没有笑。于是便建议这个教师做一个"微笑者"，在走上的课堂的时候一定要带着愉悦的神情和笑容出现在学生面前。结果，在这堂课上，学生们都很遵守纪律，表现比平常都要好。有很多学生还问教师今天为什么高兴。这给了教师一个重要的信息：教师的微笑很重要。如果一个教师每天都是春风满面、笑容可掬，那这个教师的微笑肯定会牵动很多学生，而其容易赢得学生的信任，成为学生提问、倾诉、交流的对象，成为一个受学生欢迎的教师。

## 三、爱的语言

　　前苏联著名教育家苏霍姆林斯基说："教育首先是关怀备至的，小心翼翼地触及年轻的心灵。"一名成功的教师，不仅是知识的传播者、课堂的管理者，还应该是学生心灵上的关怀者。目光、笑容都可以带给学生关怀，但是有时候语言更能体现出其不可代替的作用和魅力。爱的语言不仅仅是关怀，更多的是给予学生鼓励和肯定。

　　有一个教师在讲了这样一个故事：

　　有一次，我乘火车去九江。我睡在中铺，邻床下铺有个大眼睛的女孩在专心地看书。我对她发生了兴趣，用欣赏的目光久久

地看着她。女孩敏感地发觉了我的目光，看得更加认真了。我从中铺下来，坐在她身边跟她聊天。说话时，我一直用疼爱的目光注视着她，小女孩竟然把心里话全掏给了我这个不相识的阿姨。从女孩的话中得知，她是个一年级小学生，本来是个小班长，因为收作业太慢，被教师"罢官"了。因此，她感到一肚子的委屈。

第二天早晨，她非要跟我一起去餐车吃早饭不可。她姑姑说："别跟着捣乱了，从来没有一次能把碗里的饭吃光。"

女孩用渴望的目光看着我。我爽快地对她说："好，我请你吃早饭。"

餐桌前，我问她："你能吃多少？要吃得光光的，一点儿不剩才行！"女孩想了想："半碗粥，半个鸡蛋。"

"好。"我用信任地给予她肯定，给她半碗粥，半个煮鸡蛋。然后埋头吃起自己的饭来。

开始，女孩吃得很好，不一会儿就玩了起来。她的姑姑在旁边开始数落她："我早就说过，你不会好好吃的。"

"她会吃干净的！"我微笑着对她姑姑说，又给女孩使了一个眼色。女孩什么都没有再说，把碗里的粥全喝了。看见我的眼睛里流露出惊奇，她竟然用小舌头把碗舔得一干二净。

"真了不起，说到做到！"我向她伸出大拇指，"以后我们吃多少，盛多少，再也不会剩饭了，对吧？""对！"女孩高兴地答应。

几句肯定的话，竟然使这个7岁女孩一下子把我看成她可信赖的朋友！其实，这其中透露着很重要的信息是：我相信你！

假如你的学生上课变得烦躁不安，你可以想一想，是不是在跟学生对话时说了什么影响学生情绪的话？假如你的学生变得孤独寡言，你是不是扪心自问，我今天有没有鼓励他？有时，教师一句亲切的问候会使学生兴奋不已。有的学生因为教师上课批评了他一句便会认为教师不喜欢他，使他感到很伤心。每一个学生都是需要肯定和鼓励的。不要吝啬你的语言，用爱的语言感染每一个学生吧。

## 第二节　用爱去尊重学生

如果不去加强并发展儿童的个人自尊感，就不能形成他的道德面貌。……教育技巧的全部诀窍就在于抓住儿童的这种上进心，这种道德上的自勉。

——苏霍姆林斯基

爱的力量是教育中的重要力量。教师对学生的爱和尊重是一种伟大的力量，教育成功的秘诀在于热爱孩子、尊重孩子。得到教师爱和尊重的学生往往更容易与教师合作，使教育得以顺利进行。

讲台不是上下尊卑的界线，学生有他们自己的人格。他们也渴望得到教师的理解和尊重，希望得到教师的肯定和赞许。教师若放开架子，走进他们的学习和生活，尊重他们的建议和意见，理解他们的思想。这样，就能拉近师生之间的距离，使学生明白、理解和接受教师的教育思想，在尊重学生的言行举止中，让学生体会到教师对他们的关心和爱护。给学生留下自由的空间和时间，获得发展的主动权，让他们用自己的双手来描绘他们的未来。

教师究竟该怎样尊重学生呢？

首先，要扪心自问，从自身做起。爱是尊重的基础，如果离开了对学生的真爱，尊重只能是虚假的形式，唯有发自肺腑的爱，才能产生真正的尊重。正人先正己，一个人发现别人的错误比发现自己的错误容易，而错怪别人也比检讨自己简单。作为教师，很多时候我们一张嘴就能说出学生的一大堆缺点：不守纪律、不尊重教师、作业不能认真完成、以自我为中心……试想，如果我们能站在一个和学生平等的位置上先审视一下自己：在教育教学中是否把学生看成了和我们一样平等的人？我如果处在学生的位置上我会怎么做？想好这些问题然后再审视学生，也许我们眼中的有些问题就不成为问题了。

其次，重学生即意味着接纳学生，接纳学生的个性，接纳学生的思想，接纳学生独特的创见，还要接纳学生的内心感受。具体来说就是：

1. 尊重学生独立的人格

教师和学生在知识经验方面可能存在不平等，但教师不应以此自居；应切记教学相长。学生是活生生的人，他们有思想、有情感、有思维、有独立的人格。教师的言谈举止都要为人师表、堪为表率，都要体现出教师对学生的热爱、对学生的尊重。

2. 尊重学生个性的差异

学生不是一个模式制造出来的工业产品。尊重学生，就要承认和接受他们身心发展、认知规律的差异，不能强求一致。教学时也要考虑学生的实际，给学生提供足够的信息，供不同程度的学生选用，让不同程度的学生有不同程度的发展和提高，使每个学生都有成功的机会、成功的体验。如课堂提问时，难易程度不同的问题请不同层次的学生发言；设计练习时，不同程度的学生可以完成不同量的题，动作快的多做一些，动作慢的少做一些；评价时，尽量减少横向比较，鼓励学生超越自我。尊重学生，还应承认人在获得信息时方式各不相同，有的利用听觉，有的依赖视觉，有的需要动手操作来获得。

3. 欣赏学生

每一个学生都有长处和闪光点，有的也许教师也无法比拟。

学生作为发展中的个体，固然存在这样那样的不足。尽管如此，教师也要保持用欣赏者的眼光看待学生，让学生感受到教师对他的关怀、爱护和肯定，让学生感受到教师对自己的欣赏，也许教师对他的欣赏正是他勤奋学习和创新的目标和动力。给每个孩子信任的目光、鼓励的话语吧，也许你的一个眼神、一段话语就是一个孩子即将成功的基石。

第三，别错过尊重学生的机会。

一个教师讲了这样一个故事：

有一天，一个学生拿着一本课外辅导书去问教师，但是这位教师一看，就没好气地跟这位学生说，你连基础题都不会，还做什么"课外题"！快回去吧。我看到这位学生失望地离开。

许多日子以后，又闻听这位学生转学了。我们不知道是什么原因。

仔细想一下，可能这位教师错过了尊重学生的机会。对于一个"后进生"，我们更应该保护他这份难得的上进心。学生去问问题，说明他还抱着想学好的态度，或者他是在向教师"示好"。如果这位教师正确地利用这次机会，后面的情况可能是另外一番样子。

再次，深入理解尊重的内涵。尊重不是顺从放纵，也不是简单地给学生面子。某杂志上有篇题为《新课改中的精彩对白》的文章：

"高峰同学，请你把这段课文读给大家听一听，好吗？"一节公开课上，执教教师满怀希望地看着一个胖乎乎的男同学。"老师，现在我不想读！"小男孩不顾听课教师在场，大胆地表达了自己的意愿。

"你有权保持沉默！"执教教师笑容依然，"我们会耐心等待，以后再欣赏你的精彩表现。"

果然，在后半节课中，这位学生主动请求，以自己精彩的朗读获得了听课师生热烈的鼓掌。

学生的"不"，并非都能像那节公开课上那样迅速完美地找到答案，它需要我们教师更多地在课下单独与学生沟通交流，打开学生的心结。保护学生的尊严，尊重学生的学习个性，小心翼翼地保护他们稚嫩的心灵不被伤害，这都是对的。但是，尊重不等于让学生随心所欲。尊重学生，并不是说学生喜欢怎样，教师就让他怎样，由着他们的性子来。教育学生遵守规则，培养学生的责任意识，更是尊重学生的更深层次表现。

我们尊重学生的目的是什么？是让学生意识到自身的价值与尊严，从而使其能够积极主动地向前发展。这就要我们每位教师，相信每个学生通过教育和社会的影响都能够朝着美好的方向发展。因此，尊重学生，是教师从内心深处对学生的发展怀着积极、善良的期待，是为师者灵魂深处对学生关爱与负责的态度。

## 第三节　用爱去严格要求

如用几句话来表达家庭教育学的全部精华，那就是要使我们的孩子成为坚定的人，能严格要求自己。我在这里似乎有点夸张地说：若请他参加婚礼，即使那里所有的人都喝成醉鬼，他母亲相信自己的孩子会清醒地回家。

——苏霍姆林斯基

作为一名教师，在教育教学过程中正确认识热爱学生与严格要求的关系，把握好热爱学生与严格要求的分寸至关重要。"严"的目的是使学生在德、智、体几方面得到全面发展。"严"的基础是爱，严格要求是对学生最深沉的爱。

教师热爱学生，就要在平时教育管理中，坚持按照教育方针和中小学生日常行为规范，从小事抓起，严格要求，一视同仁，对学生的不良行为决不姑息迁就，发现问题及时纠正。不但教育其本人，也使他人同样受到深刻的教育。有一位教师在工作中，曾遇到自己所带班级的班长——集万般宠爱于一身的优等生，由于不满意任课老师的批评，出言不逊，当堂顶撞老师。下课后，任课老师和学生都找到作为班主任的这位教师。这位教师不因为这个班长工作有能力、学习成绩优秀、在学生中有威信、其父亲与自己的关系好而对其放任教育，而是耐心地教育、帮助他分析错误的根源和危害，督促他在班上当面向被顶撞的任课老师赔礼道歉，检讨自己的错误，并发动学生讨论。这样的严肃处理，不仅使这个班长本人受到一次教育，也使全班学生受到一次尊师教育。同时，让每个学生明白：严格要求学生，一视同仁，体现了"公平性"，也增强了班主任在班上工作的力度和在学生心中的信度。而这一切，也恰恰是教师对学生一种"爱"的体现。

教师对学生严格要求，必须以爱为出发点。教师严格要求学生，必须把握好尺度，务必有利于保护学生的自尊心和自信心，务必有利于促进学生的身心健康、进步和成长。对经常犯错误学生的教育，决不能操之过急，要坚持依法教育；尤其对身体有缺陷、心理有障碍、单亲家庭、弱智等学生的教育要充满爱心。冰心曾经说过："有了爱便有了一切。"当教师必不可少的，甚至最重要的品质就是"爱"。它是一种发自内心的对学生的关心、爱护、尊重、信任、期待以及尽责的美好感情。

但是，对于学生不仅要严格，要爱，有时候还需要一种爱的惩罚措施，使学生对自己的错误得到认识，并为之承担责任。没有惩罚的教育也是不完整的教育，没有惩罚的教育是一种虚弱的、脆弱的、不负责任的教育。当然，惩罚也不是目的，而是一种教育手段。惩罚也并非体罚，而是教师对教育活动的整个过程施加

某种影响和控制的手段，是一种职责范围内的专业性行为。作为教师不能一味地来赏识、表扬、鼓励学生，对学生的错误置若罔闻、放任自流。否则，错误永远无法改正，小错误会演变成大错误，会贻误学生的一生。

有这样一个故事：

英国的皮特丹博物馆收藏了两幅画——一幅是人的骨髓图，一幅是人的血液循环图。能够摆在这家博物馆里的画，人们都以为是什么大画家的作品，其实不然。两幅画都是一个小学生的作品。

这个小学生对什么都好奇，有一天他看见校长有一只很漂亮的小狗，于是偷偷地打死了这只小狗，目的只是想看一下小狗的心脏是什么样子。校长发现自己心爱的小狗被小学生打死了，非常伤心，也非常恼火，想要惩罚打狗者。怎样惩罚他呢？校长了解到他打死狗的原因后，做出了这样的惩罚决定：要他画两幅画，一幅是狗的骨髓图，一幅是狗的血液循环图，这就迫使那个小学生认真地研究狗的内部结构，并由此对动物的组织结构产生了浓厚的兴趣，有了进一步深入研究的欲望。

正是这个包含理解、宽容胸怀的"惩罚"使得这个学生爱上了生物学，并最终发现了胰岛素在治疗糖尿病中的作用而获得了诺贝尔奖。这个小学生就是英国著名的科学家麦克劳德。

作为一名教师，要以热爱学生为天职，要严格要求学生，要做到严以爱为基础，爱以严为前提，严爱结合，爱而不纵，严而不凶。严格之水只有渗透情爱之蜜，才能成为爱的甘露让我们在教育教学实践中不断地认识热爱学生与严格要求学生的关系，不断地体验把握热爱学生与严格要求学生的分寸，努力创设有利于学生身心健康发展的宽松和谐的育人环境。

## 第四节　用爱去鼓励学生

教育中应该尽量鼓励个人发展的过程。应该引导儿童自己进行探讨，自己去推论。给他们讲的应该尽量少些，而引导他们去发现的应该尽量多些。

——斯宾塞

爱是开启心灵的密码，教师对学生的爱是一种精神奖励。有时候，教师一句暖人的话语，一个细小的举动，一个会心的微笑，一个赞许的眼神，就会像高明的琴师一样在学生的心弦上弹拨出动人的乐章，像一股涓涓细流流入学生的心田，使学生幼稚变茁壮，懒惰变勤奋，软弱变坚强，消沉变进取，走向成功，臻于完善。

陶行知先生曾说过这样一句话："你的教鞭下有瓦特、你的冷眼里有牛顿、你的讥笑里有爱迪生。"他告诉我们，千万不要对你的学生，尤其是那些学习基础差的、总给你惹麻烦

的、纪律松散的学生失望，更不要对他们不理不睬或者冷言相讥。因为，每个学生身上都有自己的闪光点。学生对教师的不服从，教师不仅要从学生身上找原因，还要从自身去找原因，是不是因为自己对这个学生"爱"得不够呢？还是自己的教育方式不对呢？可能我们习惯了用手中的教鞭、冷眼、冷言、讥笑，却忽视了学生的感受，或许，我们将这些换成鼓励、表扬，那么你眼中那些差生、令人头疼的捣蛋的学生，可能会立马转变成一个好学生的形象。

教师要学会用伯乐的眼光去发现学生身上的闪光点，用爱的行动去鼓励学生。

善于发现闪光点。爱学生，就要把每一位学生放在心上。努力发现每个学生身上的优点，并把鼓励送给学生。哪怕这个学生学习成绩再差，纪律性再差，他的身上也都有你值得发现的优点。教师要用寻宝一样的眼光去发现学生身上的可贵之处。

及时给予认可。爱学生，就要细心的对待每一位学生。身为教师，应时刻想着：学生渴望得到老师的关注和认可。每一天，每一个学生，精神开朗或抑郁，课上大胆或卑怯，做事认真或马虎……点点滴滴，微不足道，可是教师的态度却影响到学生的成长：及时给予欣赏或关切，就能给学生以信心和激励；熟视无睹或漠然置之，就可能让学生失去信心不再努力。特别是在课堂教学中，教师及时而富有激励性的评价，会在学生的心灵深处激起波澜、萌发顿悟，产生共鸣，促进学生形成健康、奋进、知难而上的心理，及时恰当的评价能起到持久的激励效应。

积极给予赞美。爱学生，就要真诚为学生的进步喝彩。教师每天对学生倾注期待与激励，学生会从教师的关注中，获得积极向上的力量，自觉投入到学习活动中，主动进行自我完善。教师不要吝惜自己的赞美，要多对学生说："你做得很好，继续努力呀！""你要相信自己"、"你为班级赢得了荣誉"等激励性的语言，使学生在激励中获得信心，不断进步。特别是表现一般或表现不好的学生，老师更要多对他们投去关爱的目光，给予鼓励、赏识，让学生感受到爱的阳光，焕发出热情，满怀信心地走向成功。但同时也要注意，教师给予学生的这种赞美一定是要发自内心的，是真诚的，不能是敷衍的。不要把这种鼓励当成是"走过场"、"例行公事"，这样的鼓励，对于学生来说，不如没有，甚至会让学生觉得老师是在说反话，自尊心受到创伤。既然是表扬、鼓励学生，就要真诚、发自内心地赞美。如此，才能产生强大的激励效应。

适时给予奖励。爱学生，就要理智的引领学生成长。平时的关爱和激励，可以让学生快乐的成长；只有将优点和长处转化成持久的行动，学生才能获得成功。教师要善于发现学生在平时表现出来的优秀品质，适时给予奖励，既让学生本人增强信心坚持

下去，又可影响带动其他学生。如在进行半学期评价时，根据学习表现授予"学习之星"、"学科之星"或"进步之星"；根据品德表现授予"尊敬师长模范"、"劳动之星""文明之星"、"勤俭节约模范"、"遵规守纪模范"、"智慧之星"、"合作之星"等。奖品可以是一张奖状，也可以是钢笔、笔记本、作文选、工具书等学习物品。当学生得到奖励时，心中顿生喜悦之情，今后会更加努力；其他同学则会羡慕，进而效仿。这样，就会形成积极向上的集体氛围，推动每一个学生健康成长。

在一个人的成长过程中，没有比自信更重要的了。学生自信心的树立，最主要的靠教师的鼓励来实现的。教师的鼓励可以让学生建立一种良好的心态，保持自信，会让学生展示出人性中最美好的一面来。用爱鼓励学生，在学生成长的同时，教师也将获得成功。

# 第六章　学会教学反思

　　"反思"一词，据说首次出现于英国哲学家洛克的著作中，他将"心灵内部活动的知觉"，称为"反思"。作为一个日常反思概念，人们容易将"反思"等同于"反省"，在这个意义上，反思就是对自己的思想、心理感受的思考，对自己体验过的东西的理解或描述。

　　在我国，"反省"观念由来已久，孔子提倡"吾日三省乎吾身"，强调士人的内省能力，反省一直是儒家弟子的自我要求，人们一直强调通过反省来促进自身的发展。而最先把反思引进教学过程的是美国哲学家、教育家杜威，他在名著《我们怎样思维》中认为，反思是"对任何信念或假定的知识形式，根据支持它的基础和它趋于达到的进一步结论而进行积极的、坚持不懈的考虑。"

　　美国心理学家波斯纳提出了教师成长的公式：成长＝经验＋反思。相反，如果一个教师仅仅满足于获得经验而不对经验进行深入的思考，那么、即使是有"20年的教学经验，也许只是一年工作的20次重复；除非……善于从经验反思中吸

取教益，否则就不可能有什么改进。"他永远只能停留在一个新手型教师的水准上。作为教师不仅要学会自我反思，还要学会教学反思。教学反思就是教师自觉地把自己的课堂教学实践，作为认识对象而进行全面而深入的冷静思考和总结，从而进入更优化的教学状态，使学生得到更充分的发展，教学反思是一种有益的思维活动和再学习活动。教学反思，是教师通过对其教学活动进行的理性观察与矫正，从而提高其教学能力的活动。

这里所说的反思与通常所说的静坐冥想式的反思不同，它往往不是一个人独处放松和回忆漫想，而是一种需要认真思索乃至极大努力的过程，而且常常需要教师合作进行。另外，反思不单单是教学经验的总结，它是伴随整个教学过程的监视、分析和解决问题的活动。

教学反思的真谛就在于教师要敢于怀疑自己，敢于和善于突破、超越自我，不断地向高层次迈进。你可能在灯光下静夜思，回顾和展望。你可能倚着窗口，遥望星空，夜不能寐。正因为教学反思具有别人不可替代的个性化特征，你就有可能形成个性化的教学模式。多进行教学反思，等于在本来没有窗的墙上开了一排窗，你可以领略到前所未有的另外一面风光。

# 第一节　自我发现　善于思考

教育者的个性、思想信念及其精神生活的财富，是一种能激发每个受教育者检点自己、反省自己和控制自己的力量。

——苏霍姆林斯基

某跨国公司在辞退一位员工时，老总与员工有这样一段精彩对话："我有30年的经验。""不，你只有一年的经验，只是将他重复了30次！"读来令人深思，由此联想到，我们有些教师为什么教了几十年书，教学方法总是老一套，缺乏新意，实绩平平？究其原因，这与教师不会自我发现，对自己的教学不善于思考、改进、提高有很大关系。

孔子说过："学而不思则罔，思而不学则殆。"这句话是教育学生在学习的过程中要处理好学与思的关系。对教师而言，这句话可以改为："教而不思则罔，思而不教则殆。"教学内容是丰富多彩的，学生的个性也千差万别，教学环境千变万化，教师要在这复杂多变的海洋里游泳，就得充分发挥创造性。正是这种工作性质，决定了教师必须善于思考，每时每刻开动脑筋，依据学生的认知水平、个性特点，创造性地进行教学，针对不同的学生采取不同的教学策略。如果他不去思考，那么就算他废寝忘食、夜以继日地拼命工作，其结果也只能是在教书匠的层面上做无谓的

努力。

教师的自我发现，主要是通过思考来完成的。教师不仅要善于思考，还要学会怎样去思考。对探索者而言，思考是一盏明灯，会引导我们避免陷入教条和僵化。

案例分析：

龚春燕，特级教师，重庆市政协委员，重庆市教科院教育发展研究所所长，重庆市创新学习中心主任，全国学习科学研究会会长，联合国教科文组织"创新学习研究与实践"项目主持人。他在谈起自己的成功经验时这样说："工作21年来，我坚持每天晚上反思一下当天的工作，并且把所思、所感、所得记下来，日积月累，形成了很珍贵的原始素材，多次整理，写了不少的文章。"他还笃信孔子的教导："学而不思则罔，思而不学则殆。"他总是将思考与读书结合起来，他读书，不是简单地了解别人的观点和见解，还运用思考把人家的观点融会于心，变成自己的。

一、持续不断

将思考变成一种习惯，弥漫于自己日常的教育教学工作之中。龚春燕老师工作21年，坚持每天晚上反思一下当天的工作，这是需要顽强的毅力的。我们身边有不少人，工作几年后或多或少有一些心理落差：我付出这么大的努力，为什么收获不大？我的良苦用心为什么总不能被家长、被学生理解？我的成绩为什么总不能被校长、同事承认？究其原因，就是缺少了思考，光埋头苦干是不行的，还要学会思考，只有深入思考，才能透过现象看到本质。

二、读思结合

对于教育教学工作中出现的问题，不是单纯地苦思冥想，而是以书籍作为思考的后盾。每年，龚春燕老师都从工资中取出一部分买书或订阅报刊。他藏书5000多册，几乎每天都学习到深夜。所以，学习教育教学文献，可以帮助我们接受新的信息、观点，把别人的成功经验和案例与自己的做法进行对比，看看自己的教育观念、行为是否符合现代教育理念，差距在哪里，找出原因及时调整。

三、以写促思

龚春燕老师不仅勤于思考、善于思考，还能及时将所思所想写出来，这也是他取得成功的重要方面。在大力倡导教育反思的今天，有的老师说："反思难道非得流于书面形式吗？实际上每个老师上完课后都或我或少进行些反思，只是没有以书面的形式写来而已。有写的必要吗？""很有必要"！停留于头脑里的思考，往往是零碎的、紊乱的，倘若你拿起笔将所思写下来，你就会发现，还需要对自己的思考做一番整理工作，而在这个写作、整理的过程中，又会有新的发现和认识，对问题的认识会更加清晰和深刻。

善于思考问题的教师，总能够拿出时间来去对自己关注的问题去进行认真的思考，因为他知道"工欲善其事必先利其器"，"磨刀不误砍柴工"，思考是发现自我教学过程中不足的最好方式，是促进工作的有利手段。很多名师之所以成为名师，一个很重要的原因就是他们总是能自我发现，勇于思考，善于思考。他们思考自身的专业成长，思考学生的未来朝向，引领学生做出正确的人生规划。可以说，终身秉持"思索，继续不断的思索，以待天曙，渐进乃见光明"的精神，深悟"一个能思考的人，才真是一个力量无边的人"的精义，坚守"我思考，所以我存在"的信仰。

作为教师，应当永远牢记：有了善于思考的教师，才能有善于思考的学生。反之，没有了善于思考的老师，也就不会有善于思考的学生。

## 第二节　学会做一个倾听者

三人同行，必有我师焉。择其善者而从之，其不善者而改之。

——孔子

倾听是一门艺术，是一项技巧，是一种修养。古诗曰："风流不在谈锋健，袖手无言味正长。"就是指，人要学会倾听。学会倾听是每个渴望事业有成的人的一种追求，更是优秀教师必备的技能。

教师的专业成长受诸多因素的制约，会不会倾听是制约教师成长的瓶颈之一。可想而知，如果一个教师刚愎自用，听不得别人的建议或意见，那么他就必然会被囿于一个狭小的圈子之中，而得不到长足的发展。相反，如果一个教师能虚怀若谷，广开言路，从善如流，他就会不断改进自己的教育教学方式，不断提升自己的教学品位，从而成为一个有理念支撑、有教育智慧的教师。

## 一、倾听同行的声音

俗话说："同行是冤家。"这已经成为一种过时的观点。对于教师，同行更多的是伙伴，是同一战壕的战友。可能教师与教师的学历层次相近，但由于教育理念、生活阅历、经验积累的不同，教师在待人接物、处理问题上还是存在着很大的差距。因此，倾听同行的声音不仅必要而且必需。尤其是年轻教师，刚执教不久，稚气未脱，处事难免急躁，容易出现很多问题，也往往是家长投诉的对象。曾经有一位年轻男教师在办公室里训斥孩子，孩子似乎不服气，眼睛往上挑。这位男教师很气愤，骂道："××，瞧你这眼神，长大了还不用枪把老师给打死，啊?"老师把孩子搡了搡，又训斥了一番，孩子的眼泪控制不住了，啪嗒、啪嗒地往下滴，刚巧有几滴滴到了老师的鞋子上。这位老师说："你的眼泪把我的鞋

子弄脏了，我可要找你！"等孩子走了之后，一位教师悄悄地对他说："张老师，以后说话可得悠着点，千万不能口不择言啊！"他脸一红："我是恨铁不成钢。""三思而后言，不能把孩子逼到墙角。你说那些话，万一，他长大了……"他陷入了沉思。年轻教师在处理问题时，一方面要倾听经验丰富老师对孩子的教育，思忖其中的诀窍；另一方面在遇到棘手的问题时，切不可贸然行事，而要虚心地向同事们讨教，从他们那里吸取经验。这对教师的成长起了很大的推动作用。

## 二、倾听学生的声音

新课程理念要求我们教师要学会倾听。倾听的内涵意味着要尊重学生，相信学生，关注学生。让他们发出自己的声音，表达出自己内心真正的想法，只有心里有学生，才能做到真正倾听。

今天的课堂是一个师生共同"享受"知识能量与信息传递的空间，是一个心灵交汇情感碰撞的磁场，所以我们要做善于倾听的教师，从倾听开始学会教育，这应成为所有教师的共同追求。李政涛先生在《倾听着的教育——论教师对学生的倾听》一文中写到：教育的过程是教育者与受教育者相互倾听与应答的过程。

教师要从学生那里倾听什么？

倾听学生的妙想。教师通过倾听学生，关注学生的即时表现，关注学生的观点，关注学生的兴奋与疑惑，据此改变教师的讲授方式。倾听的核心是思考。教师倾听时，总是伴随着观察、辨别、判断、选择。倾听时，教师的外表是从容的，而脑海里却是不平静的，在最短的时间内，甚至在瞬间必须做出新的决定。我们经常在强调教师的教学机制，在努力创设我们的教学艺术。其实，倾听本身就是处理教育事件的艺术和智慧的契机与源泉，缺乏思维的倾听何来教学机制，教学艺术也就失去了意义，失去了活力，最终成了空壳和形式。

倾听学生的错误信息。在课堂中，我们不仅要倾听成功孩子的快乐，更要倾听暂时失败孩子的心声。我们要耐心等待，热忱地帮助每个孩子都体验到胜利的喜悦。

倾听"弱势"学生的声音。"弱势群体"往往由于学习成绩差，在课堂上可发言或不发言，形成一种沉默的群体。一个具有倾听意识的教师，就还要善于听到这些人言辞背后的情绪、需求，并热情地呵护和细心地引导他们。这种乐观的期待能够唤醒学生沉睡已久的意识和潜能。让学生真正感受到作为一个独立生命而受人尊重、爱护和喜悦之情。

倾听对教师的意见。由于大部分学生天性率直，少有顾虑，大多能实话实说。当然，这也要求教师要有民主的作风、谦和的态度，否则学生也只会说些不痛不痒、阿谀奉承的话语。有时学生可能说话不给你面子，着实让你有些难堪。可

是，他们的话却是耐人寻味的。这会给教师带来一定的压力，使教师不得不时刻检点自己的语言、行为，因为远处，有一双双明亮的眼睛在注视着你。倾听，让教师走进学生们的生活，走进学生们的心灵。

### 三、倾听自己的声音

学会倾听他人很难，学会倾听自己更难。但是，学会了倾听自己，就会发现真实的自我，就会明确前进的方向。人学会倾听自己的心声，学会自己与自己交流，这样才能逐渐形成一个较有深度的内心世界，从而使自己的思想丰盈起来。

孔子"吾日三省吾身"，而成万世师表。叶澜教授认为，一个教师写一辈子的教案也许成不了好教师，而坚持写教育反思，不出一年就会成为好教师。这种教育反思，其实是一种倾听自己心声的方法。

教师的这种自我倾听的方法，就像雕刻家在雕刻过程中凿去石头上多余的边边角角的过程一样。教师的成长过程也是如此，自己与自己心灵的沟通，自己也就成为了自己情绪的主人。生气时，要学会制怒，忧虑痛苦时，要学会化解，失败时，要学会积极地自我鼓励，使自己倍增勇气。只有不断地反思自己，去伪存真，扬长避短，方才能提升自己、完善自己。

倾听，让教师从幼稚走向成熟，从浮躁走向从容，从肤浅走向深刻。养成这个好习惯会使人受益终生。

# 第三节　将反思融入教学生活

分析一节课，既要分析教学过程和教学方法方面，又要分析教学结果方面。

——巴班斯基

美国心理学家波斯纳提出了教师成长公式：成长＝经验＋反思。反思是一种思维活动。反思的目的是为了消除困惑，解决问题，促进实践，增强合理性。经常反思自己的教学过程，有助于调整教学心态，改进教学方法，促使自己从经验型向科研型方向发展，提高自己驾驭课堂教学的能力。

那么在新课标下，教师在教学中如何进行反思呢？

首先是课后反思。对于每一位教师，当他上完一节课后对这节课后的感受，肯定会比课前备课的感受更为深刻，更能从中体会该课教学的得与失。因此，课后反思自己的备课与课堂教学，记录自己的感受、体会、评价及修订，总结积累教学经验，具有非常重要的意义。

课后反思的内容，从教师角度讲，主要有以下几点：

1. 反思教学行为是否达到教学目标

新课标要求我们在制定每节课（或活动）的教学目标时，要特别注意培养学生的科学素养即"三个维度"——知识、能力、

情感态度与价值观。

现代教学要求摆脱唯知主义的框框，进入认知与情意和谐统一的轨道。因为对学生的可持续发展来讲，能力、情感态度与价值观，其适用性更广，持久性更长。许多知识都随着时间的推移容易遗忘，更何况当今知识更新的速度极快，只要具备获取知识的能力，就可以通过许多渠道获取知识。所以，情感、态度、价值观必须有机地融入课程教学内容中去，并有意识地贯穿于教学过程中，使其成为课程教学内容的血肉，成为教学过程的灵魂。

2. 反思教学过程中是否迸发出"智慧的火花"

教学，不仅仅是一种告诉，更重要的是如何引导学生在情境中去经历、去体验、去感悟、去创造。教学过程中，学生常常会于不经意间产生出"奇思妙想"、生发出创新火花，教师不仅应在课堂上及时将这些细微之处流露出来的信息捕捉、加以重组整合，并借机引发学生开展讨论，给课堂带来一份精彩，给学生带来几分自信。更应利用课后反思去捕捉、提炼，既为教研积累了第一手素材，又可拓宽教师的教学思路，提高教学水平。将其记录下来，可以作为教学的宝贵资料，以资研究和共享。

3. 反思是否创造性地使用了教材

教材，历来被作为课程之本。而在新的课程理念下，教材的首要功能只是作为教与学的一种重要资源，但不是唯一的资源，它不再是完成教学活动的纲领性权威文本，而是以一种参考提示的性质出现，给学生展示多样的学习和丰富多彩的学习参考资料；同时，教师不仅是教材的使用者，也是教材的建设者。因为本次课程改革中的一些改革理念仍具有实验性质，不是定论，不是新教条，不是不允许质疑的结论，还有待在实践中进一步检验、发展和完善。因此，我们在创造性使用教材的同时，可以在"课后反思"中作为专题内容加以记录，既积累经验又为教材的使用提供建设性的意见，使教师、教材和学生成为课程中和谐的统一体。

　　当然，反思并不只是单方面注重反思教师的教学行为，应该是教师教学和学生学习双方面的，既有对教师自己教学方面的反思，也应该有对学生学习情况方面的反思。教师在反思自己的同时，还要对学生学习情况进行调查，取得一些重要信息，从而使教师的教学真正贴近学生现状，从学生实际出发，遵循着学生的认识规律，让学生真正成为学习的主体，教师成为学习的组织者和引导者，这才有利于教师反思的全面性。教师还要看学生获得知识的过程中是否积极地主动地投入，在原有基础上是否能有很大的进步与发展。在课堂中致力面向全体同学的同时，教师还要注意因材施教采取不同的措施让"优等生""吃饱、吃好"，让后进生"吃得进"这样才能学有所思，各得其所。

从学生方面讲，教师可有如下反思：

## 1. 反思教学过程是否适应学生的个性差异

学生的个性差异是客观存在的。成功的教育制度，成功的教育者，必须根据学生的个性特长禀赋优点，因材施教，因人施教，因类施教，充分发挥学生的个性特长，让性格各异的学生争奇斗艳，各领风骚，让每一个学生都有施展才能的天地与机会。换言之，成功的课堂教学，应让基础好的学生"吃得饱"、跑得快，让中等生"吃得好"、跑得动，让学困生"吃得了"、不掉队。因此，无论是情境的创设还是内容的呈现，无论是问题的设置，还是释疑解惑，均应"为了一切学生"，多层次、多维度、多渠道地开展教育活动。因为教育的最大使命就是尊重学生的个性差异，尽可能地创设条件发展学生的思维能力，培养学生的思维品质，促进全体学生的发展。

## 2. 反思教学过程是否存在着"内伤"

要反思自己是否在刻意追求所谓的"好课"标准：教学环节中的"龙头"、"豹肚"、"凤尾"个个精雕细琢，教学手段中的"电媒"、"声媒"、"光媒"一个不能少；学生讨论热热闹闹，回答问题对答如流。这种"好课"似乎无懈可击，但有没有给学生思考的空间？小组合作学习有没有流于形式？讨论是否富有成效？"满堂灌"是否有越俎代庖之嫌？有没有关注学生情感、态度、价值的变化？学生的创造性何在？对这些"内伤"必须认真回顾、仔细梳理、深刻反思、无情剖析，并对症下药，才能找出改进策略。

3. 反思教学过程是否存在"伪探究"

有的探究性学习只表现在问题的探究上，只要教师抛出一个问题，几个学生立即围成一团分组讨论，也不管小组成员的组合是否合理，问题的价值是否有讨论的必要；待几分钟后，教师一声击掌，学生的讨论戛然而止；再由小组中的"老面孔"？优等生发言。至于其他学生，尤其是学习有困难的学生，在讨论时是否真正心到神到力到？是否真正学会了应该学会的方法、技能、知识？就不得而知。这种"神散形未散"的"伪探究"掩盖了个性之间的差异，甚至会剥夺部分学生的独立思考、质疑、发言的权利。那么到底解决了多少"疑难病症"？又有多少学生真正参与、体验了学习的快乐、获得心智的发展呢？

在实施新课程的今天，每一位优秀教师都会经历一个反思和创造的过程，我们要乐于反思，勤于反思。教师在教学中，不断反思总结自己成功的经验和失败的教训，找到自己与他人、与工作目标的差距，寻求缩短差距或解决问题的有效方法，才能在新课程的教育教学活动中驾轻就熟，游刃有余，才能实现自我激励、自我完善、自我创新和自我发展的目标。

# 第四节　在反思中进步

抽打自己的鞭子要掌握在自己的手里，在漫长的人生道路的每一步上，都要经常鞭策自警，万不可以为有过一两次抽打就可以沿途平安了。"自新应似长江水，日夜奔流无歇时。"

——魏书生

教学需要不断地反思才能找出教学过程中的闪光处加以润色，挖出教学过程中的不足之处加以改正并引以为戒，如此，课才可以越上越好，教学水平才会越来越得到提高，人在反思的过程中才会不断取得进步。

很多教师都会有这样的经历：每次上完一节课下来，总是在后悔。后悔单词没教好，后悔课文没讲透，后悔习题出得不够有针对性，后悔总结不够简练，后悔练习不到位等等。每一节课总觉得有许多不尽如人意之处，要改正的地方很多很多。然后自我反思，心里暗暗总结，希望下次可以不犯同样的错误。很多教师都是自我反思中不断进步，并取得一定教学成果的。

我们来看一位教师的做法：

今天，我上了《我是什么》这一课。教完这节课之后，我反思了整个教学过程。我觉得就这堂课的教学目的来说，我的理解是：它首先是课程改革纲要中所指出的"促进学科之间的融合"。

课文内容既是语文课，又是常识课，既是课堂上的书本教学，又是贴近生活的环保教育、节水教育。在教学形式上，教师只居于主导和启发的地位，师生之间，同学之间有了更多的交流。而在教学手段的运用上，既有声，又有画，既有课文，又有谜语，听觉和视觉的交错冲击，适合儿童情趣的方法反复运用，是学生们对"水"的概念，领会得十分深刻。智育之外，由对"水"的概念引申到大自然的概念，热爱自然，也同步进行了启蒙式的德育。有些地方，对低年级的学生来说，也过于深奥，但教学实践证明：只要能做到深入浅出，概念清晰，言语得当，就一定能收到预期的效果。

课文以"我"的叙述方式，生动形象地介绍自然界中水的不同形态和水与人的密切关系。文中不点明"我"就是水，更增添了趣味性。

在教学时，我以谜语的形式导入："好吃没滋味，脏了不能洗，掉在地面上，再也拿不起。"导入形式简洁、有趣，一下子就把学生的注意力调动起来了。充分让学生自读课文后，又抛出一个问题："我"会变成什么？学生们纷纷抢着回答。

其中，有的学生回答："我"会变成气、云；有的学生回答："我"会变成雨、雹子；还有的学生回答："我"会变成露珠、霜。面对学生们的回答，我及时表扬：你们知道的真多！根据声画同步的教学方法，我很快将水的不同形态以简笔画的形式展示

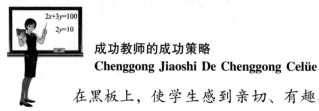
在黑板上，使学生感到亲切、有趣、一目了然，课堂气氛更加活跃。

我不失时机地追问："如果你是它，你最想变成什么呢？为什么？从文章中找出相关的句子，并与同组的同学读一读，说一说。"于是，教室里一片热闹的场面。他们有的在小组长的带领下有情感地朗读；有的绘声绘色地表演起来……他们的答案五花八门：有的说愿意变成云，因为云在不同时间能穿上不同的衣服，特别奇妙！于是，我及时引导：那你们知道云是怎么形成的吗？配合形象直观的课件，使学生们对云的形成过程有了清晰的认识。也有的同学说想变成雪，因为下雪能够净化空气，景色很美。我就鼓励他们练习有感情地朗读。还有的学生说愿意变成雨，我又问："那你知道雨是怎么来的吗？"有个学生说："我想是云和冷风打架打输了，哭了，所以就下雨了吧。"这样的答案，在教学改革中极富典型意义，又极富挑战性。因为，从自然科学的角度而言，这样的答案只能说幼稚甚至是荒谬，但从文学角度而言，这样的答案又充满了想象力，甚至于，这种想象力还不限于文学，它又能回到科学的灵感的火花上来。曾经不止一位科学史上的巨匠说过："正是想象力，才是科学发明的原动力。"所以它的挑战性就表现在这里：既要对学生指出他们在科学角度答案中的错误，还要对他们答案中丰富的想象力给予肯定。学生们的想法丰富多彩，还恰恰说明了他们对生活中自然现象的认真观察。这里面，

116

就有了教师本人全面专业素质的问题：要懂一点自然科学知识（至少是课文内容所涉及的），还要懂一点文学，要懂一点心理学，更要懂得遇到类似情况时，如何破解难题。

……

可以说整堂课下来，达到了预期的教学目的。

教师只有不断的总结，才会取得不断的进步啊。

所以在反思里不断有批判，有检讨。有教师说：有后悔，才有进步。就好比一位画家，他总要不断地反复地练习、临摹，到创作，呕一生的心血于创作中才描出闻名于世的佳作。教学又何尝不是如此呢。教学本身也是一门艺术，需要我们用心用情用一生去经营的啊。

# 第七章　教师自我发展与提升

　　老师，人类灵魂的工程师、启蒙者，可以说在人的一生中起着至关重要的作用。教师引导人们从蒙昧走向明理，从懵懂走向成熟，如果说家长的引导还是一种无意识的话，老师的引导和教诲则是有意识，有规划，有理智的。因此，在人类的成长过程中，老师是前方的指路明灯，这是一点也不夸张的。自学成才的有，但是很少，绝对大部分还是要有老师的指导才能达到成才的目标。

　　徐匡迪先生曾讲过："作为教师永远都是过去与未来之间的活的环节，是克服人类无知与恶习的最重要社会成员，是过去历史上所有崇高而伟大的历史人物与新一代之间的中介人。"然而，也正是老师的这种重要性，对老师的职业素养和技能提出了越来越高的要求。随着经济、政治、文化、科技等方面的迅猛发展，国际国内的政治、经济、文化环境都发生了变化，而且这种变化的速度日益加快，以致使每一个人、每一个组织都面临生存与发展的挑战。教育也面临着各种各样的问题，教师不仅要顺应社会发展的大趋势去调整自己的职业发展方向，还要顺应教育改革，调整自己的教育观念、教学方法，做到与时俱进。

在新时代，每一位教师都要是学习精神，要不断完善自身知识结构，树立终身学习的意识，才能跟上时代步伐。要树立在研究状态下工作的意识，不断地深厚自己教育教学功底，按教育规律办事。要善于用新思想、新理念来指导工作；要敢于打破条条框框，创造性开展工作。在与时俱进的同时提高自身素质和教学质量，增强学校的活力，促进教育的发展。

## 第一节　向周围的人学习

一个聪明的人能拜一切人做老师。

——爱默生

教师所知永远只是沧海一粟。正如前苏联教育家加里宁说："教师一方面要献出自己的东西，另一方面又要像海绵一样从人民中、生活中和科学中吸取一切优良的东西，然后再把这些优良的东西献给学生。"

要成为一名优秀的教师，就要有从师的美德，善于发现别人的长处，虚心学习别人的优点，只有这样才能积小善为为大善，积小能为大能。孔子也曾说过："三人行，必有我师焉。"每个人都有自己的闪光点，都有值得他人学习的地方。

教师，肩负着引导人成长的重要使命，因此我们应该比其他任何人群都更关注自身的成长，自身素质的提高。没有与时俱进

的成长，没有素质的提高，我们就很难完成自己的使命。学习是人们实现成长的主要途径之一，而向别人学习又是学习的一个重要方面，如果不向他人学习，那人们自身的成长就会像缺少某种维生素一样缺少营养。

因此，作为要教师要时时刻刻向周围的人学习。

向周围人学习，这个"周围"很广，很多人不知道该从何下手。对于教师而言，我们可以有意识地将"周围"具体化，提高针对性，以提升学习的效率。

教师向周围人学习，首先要从教育家那里汲取思想营养，如徐特立、陶行知、吴玉章等。虽然他们远离我们的生活，但他们的精神、理念却一直在我们身边。熟读他们的著作，了解他们的生平，研究他们的思想将对我们的进步大有裨益。

还要向当代的优秀教师学习。在我国社会主义教育事业中成长起来了一大批优秀教师，如我们报熟悉的于漪、魏书生等等。学习他们的先进思想和感人事迹，既能帮助我们提高师德认识，又能诱导和激发我们的师德情感。

其次，教师要向身边的同时学习。这些同事包括同学科的教师、同一年级的教师、同一学校的教师。他们往往是你身边最近距离的学习对象。相同指教环境下，为什么别人做得比你好？哪些地方做得比你好？教学方法、教学设计等等，哪些地方值得你去学习，这些都是值得思考的问题。而且，你还可以借用这些值得你学习的教师的教学资料，经常和这些教师沟通，你会发现自己从中学到了不少东西。

再次，教师还要向学生学习。教师要善于发现学生身上闪光的品质，诚心诚意的向学生学习，在师生互学互勉中汲取营养。教师不是万能的，所学知识肯定也是有限的。可是学生不同。每届的学生都在发展变化，况且每个学生都各有所好，各有所长。而且，学生是教师进行自我反省的最好对象。学生往往反应了一个教师在教学活动中的缺点和不足，学生的一些优点在某种程度上恰好可以弥补这种不足。如果都能够以孔子为先例，把自己当作学生，虚心向相互交流最多的学生请教，那真是教学相长的至高境界了。作为教师，每天要与多少青春学子一同徜徉于求学之径啊，如果能不耻下问，真诚而谦虚地向学生学习，不仅是对自己学识的充实，也是对学生学风的一种熏陶。那样，"弟子不必不如师，师不必贤于弟子"就不只是一个简单的比较，而是一句切实的写照了。

此外，来自社会各行各业的人，只要他是优秀的，我们就要放下教师的架子，虚心向他学习。这种学习是多方面的，不仅仅是知识的积累，还可以是人品道德的学习，精神毅力的学习，为人处世的学习……

作为一名教师，要想使自己成为品格高尚、人格完美的人，要注意时时刻刻向周围的人学习，甚至不耻下问。要时常提醒自己是一名教师，要行为示范，高标准严格要求自己，带着无限的爱心和责任感做好育人工作。

## 第二节　坚持阅读

譬如饮食，从容咀嚼，其味必长，大嚼大咽，终不知味。

——朱熹

读书是一种身心的净化，是一种精神的洗礼，是一种人性的升华……不是有"腹有诗书气自华"的说法吗。如果一个人没有书本的滋润，就会缺少智慧的阳光，精神世界就会干缩枯萎，思想底色就会暗淡无光。

教师要教好书，必须一生不离读书。不仅因为师未必贤于弟子，弟子未必不如师。更重要的是为人之师，要有较深厚的文化底蕴，专业化的理论修养，宽厚仁爱的人文精神，独具魅力的人格品质。

大量阅读，仔细咀嚼。"读书、读书、再读书！——这是教师素养的这个品质要求的。"苏霍姆林斯基在人帕夫雷什中学校长时就规定教师必须读一些教育名著。其实，读书的过程就是一个与世界进行交往的过程，一个从狭隘走向广阔的过程。

当前，很多教师的都忽视了阅读。原因有很多方面，比如工作量太大，心理压力太大，没有时间也没有心情去读书，但缺乏阅读习惯是一个很重要的原因。

教师读书阅读什么呢？中小学教科书就是很好的读物。尽管我们的中小学教科书编排得还不是特别理想，但是对于教师来说仍然是很好的读物。因为在中小学教科书中凝结了人类的基本经验，那些内容是最基本的，最核心的内容，是构建我们精神大厦最主要的元素。中小学教科书的内容过去我们都学过，但今天我们的眼界发生了变化，再加上我们的经验背景也发生了很大的变化，去阅读哪些我们熟悉的材料，会有新的感知和收获。同时，对于教师来说，阅读各科教科书，不仅能"温故而知新"，还可以在自己所教授的课程中经常提及，这样就可以利用学生已有的经验背景，帮助学生融会贯通地理解学习内容，也有助于学生形成对世界的完整理解。

教师除了阅读各科的教科书外，阅读一些优秀的教育刊物也是很有必要的。好的教育刊物往往及时反映了教育界同行们对与教育最前沿问题的思索，可以引发自我的思考和探索，同时对自己的研究和发展也会起到一定的推动作用。

教师还需要阅读一些滋养心灵，温润生命的书。特别是一些经典文学作品和思想随笔之类的书籍，这些文质兼美的作品，会使我们的内心变得温暖、丰富、细腻，让一个人活得更加鲜活。

那么，读书应该如何去读呢？读书是一门艺术，不仅需要去读，还要学会去"咀嚼"。何谓"咀嚼"？曾国藩读史之法可谓深领其会。他说："读史之法莫妙于设身处地，每看一处，如我便与当时之人或辞职笑语于其间，不必人人皆能记也，但记一人，则恍如接其人，不必事事皆能记也，但记一事，则恍如亲其事。经以穷理，史以考事。舍此二者，更别无学矣。……读罢，大喜，得之矣！"这就是读书之人每每能进入书中之情节，自然会深得体会。

读一本书，就是要明确读书的目的，讲究读书的方法。读书要思考，要辨析，不能生吞活剥。为了简单地追求文艺作品中的某种生活状态去读书是不科学的。

清代袁枚说："读书不知味，不如束高阁。蠹鱼尔何如，终日食糟粕。"有人读书读了半世，亦读不出什么味儿来，那是因为读不合适的书，及不得其读法。

培根提出读书的功用：怡神旷心，增添情趣，长才益智。时至今日，读书又有"吞"、"啃"、"品"之法。不吞，无以求其广博；不啃，无以致其精微；不品，无以得其精神。读书，需要反复咀嚼且品味，就像吃豆腐干，嚼过来嚼过去，临了吞下细细的香末，还有余味在口中。如此说来，切不可开了卷，浅尝辄止，或者囫囵吞枣不知其滋味。所以教师在读书过程中，不仅要注重读书的内容，还要有一定的阅读方法。

教书的人爱读书、多读书，不仅是职业的需要，更应该成为一种习惯。因为读书能提高教师的生命的厚度、高度和品位，教师只有有了一定的宽度和深度的阅读，才能口吐莲花，妙语连珠；才能让我们的课堂不仅仅是传授知识，培养技能的训练场，更是传递思想、启迪智慧，充满人文情怀的和生命的大课堂；才能最大限度地实现教书育人的终极目标。

让我们在读书的过程中把教育实践与读书结合，形成自己的教育主张和思路，形成自己的教育表达，反思自己的教育细节和习惯，达到立德、立志、立行；让我们在读书的过程中用知识与技能来改变自己的人生；让我们在读书的过程中"学习——实践——写作，读书——教书——写书"，为自己构筑读书生活，培养自己的读书习惯，培植读书心情；让我们在读书的过程中率性、自然、平易、真实的写作，提高自身执教科研的能力，从而促进专业成长！

## 第三节　重视教师的继续教育

自我教育需要有非常重要而强有力的促进因素——自尊心、自我尊重感、上进心。

——苏霍姆林斯基

国外的一份有关教师学历的调查报告显示，只有3%的教师

没有高等教育学历。教师的初始学历以及职前教育质量非常重要。在被调查的23个国家中，只有3%的教师没有高等教育学历。教师拥有高等教育学历比例最低的国家是巴西、冰岛和墨西哥。在所有被调查国家中，平均有1/3的教师具有硕士研究生以上学历，但是只有1%的教师在入职前获得研究生学历。这说明很多教师通过在职进修获得了更高学历。有些国家教师学历水平比较高，大部分教师都具有硕士以上学历，保加利亚拥有硕士以上学历的教师达到64%，意大利77%，波兰94%，斯洛伐克96%，西班牙79%。

我国教育机构在接受新教师时，对学历的要求也明显提高。高学历的教师必然成为将来学校教育的中流砥柱。但是，目前大部分教师学历水平普遍较低。因此，加强教师继续教育是加强教师队伍建设，提高教师队伍素质的重要途径，不仅关系到教育改革的成败兴衰，而且关系到社会主义现代化建设的前途和命运；促进教师专业化成长是全面推进教育教学改革、不断提升教育教学质量的根本保证。

联合国教科文组织提出了"终身学习"这个概念，作为一生与读书、教书相伴的教师来说，继续教育就显得尤为重要了！教师们也为学生作出了榜样，不忘继续学习及时为自己充电，他们今天学电脑，明天学英语，后天学电教，忙得不亦乐乎！然而继续教育中也存在着一些不尽如人意的现象：

有的地方搞继续教育只注重形式而不去讲究实际效果；有的单位办继续教育目光短浅，只注意经济收入而使教师怨声载道；有的部门继续教育大搞"一刀切"，"剜到篮子里都是菜"，不管教师是否愿意一律都得参加，而且还将它与职称评定挂钩！——因此，这些作秀的继续教育使得很多教师身心疲惫、叫苦不迭！但是，教师并不能因此而忽视了继续教育的重要性。

教师首先要端正对继续教育的态度。有的教师安于现状，一生只想做个"四平八稳"的教师而不思进取，他们参加继续教育只是因上级部门的硬性规定而出于无奈，甚至还产生了抵触情绪，因而上课时"身在曹营心在汉"，来培训只是为签个名报个到，拿张"继续教育"票券，有的甚至出钱买票以充实"继续教育"证书！有的教师虽无此心态想学有所成，却急于求成，把继续教育当成包治百病的"灵丹妙药"，希望能达到立竿见影的效果，一旦不能称心如意便牢骚满腹、大呼上当！——有这两种不良心态的教师一定要转变观念，正视继续教育，让它学以致用，使自己的教学工作更上一层楼！

## 第四节　让自己与时俱进

人的一生一定要与时俱进；教师的专业化成长，就是要与时

俱进，终身学习。

——朱正威

在社会发展和科技发展比较缓慢，知识的更新及总量的增加相对迟缓的时代背景下，一个人经过十多年的寒窗苦读，基本上能掌握某一方面的专业知识，大体上能胜任传授基础知识和专业技能、进行答疑辅导的职责。但是从 20 世纪下半叶开始，特别是最近 20 年来，社会进步一日千里，科技发展日新月异，知识更新的周期越来越短，一个大学毕业生刚刚迈出校门就会发现，他在大学课堂上所学的知识，已经有一部分过时了。因此，从迈出校门的第一天起，就必须不断地"充电"。在这样的时代背景下，"传道、授业、解惑"不仅仅是被人们反复引述，还应该用时代的眼光进行审视。让自己"现代"起来，这是新形势下社会对教师所提出的新的要求，这一要求的核心就是要求教师与时俱进，不断学习，不断充实自己。当今世界新技术层出不穷，作为教师，如果不了解现状，还停留在原来的层面上，在教学中继续沿用老的一套的话，那就有可以对学生造成误导，使他们不能及时、全面地接触到新事物，并在实际和认识中产生偏差，轻的可能闹笑话，严重的可有影响孩子的整个成长过程。

要做一个称职的现代教师，首先要求教师本人养成不断学习的习惯，锻炼不断获取新知识的本领，教师"以其昏昏"怎么能"使人昭昭"？因此必须不断进取，活到老，学到老。

要想让教师"现代"起来，还要积极进行教学改革，并以此培养学生的创新能力。充分发挥教师作用教学过于强调教师的主导作用，学生处在被动的受体地位，师生关系也是一种不平等的关系，不利于新型人才的培养。这就要求我们教师要勇于突破已有的习惯、经验和教学模式，以新的姿态投入到教学改革中去，成为新的教学方法、新的教学结构的探索者和研究者。要在新的境界上发挥主导作用，教学结构上精心设计，教学活动中积极组织学生参与，指导学生采用灵活的教学方法，开发学生的潜能，塑造学生的心灵，分享学生成功的喜悦，在学生学习过程中扮演着向导、参谋、助手的角色。学生是学习、发展的主体，教学活动中要以平等的身份参与到教学活动中。为学生的学习提供导向和服务，不断激励学生发现问题、提出问题、研究问题、解决问题，从而提高学生的实际操作能力和综合运用能力。只有这样理论与实践相结合，才能培养出高素质创新型人才。

除此之外，教师还要有研究的精神。教书育人是传统教育的基本着力点，教师只要把这两个方面做好，我们的教育就好了。但是，现代教育课堂则不一样，不仅要求教师教书育人，还要求教师要研究学生、研究教学课堂、研究教材与教参，研究开发出校本教材，走适合自己与自己学生的个性化教育道路。因此，现代化教学课堂要求教师向专业化教师发展、向专家型教师奋进、

向教育家型教师靠拢，这就要求教师进行大量研究，走教学→研究→教学的道路，以教学带动研究，以研究推动教学，从而促进现代课堂的纵深化发展。在新的时代，每一位教师都要具有学习的精神、研究的精神、创新的精神，除此之外还要具备敬业的精神、团结的精神和谦虚的精神，以现代的理念指导教学，以现代的步伐实践新课程，成为一个有现代感的、出色的教师。

# 第八章　做一名研究型教师

新课程改革要求教师要成为一名研究者，成为一名研究型的教师。

在传统的教学当中，教师的角色是大纲、教材的解说者、知识的传授者、灌输者，应对各种考试的组织者，教师可以凭借自己已有的知识和经验较好地完成教学任务。但新的课程改革要求教师成为学生学习的组织者、引导者和合作者，成为一名研究者，成为一名研究型的教师。

对于相当数量的教师来讲，完成这样的角色转变，从根本上改革自己多年来形成的教学方式是一件十分复杂十分痛苦的事情，压力是很大的。这不仅是因为在应试教育下教师已经形成了应对各种考试的有效的教学方式，也还因为新课程对学生学习的内容和方法都提出了较以往不同的要求。新课程要求学生积极主动学习、新增了研究性学习的课程，作为教学组织者在诸多领域的知识、方法和实践经验储备明显不足。面对新课程提出的新要求，教师只有一种正确选择，那就是积极应对，在教改实践中不断学习，使自己成为一名有知识、会研究、善创新的教师。

事实上，新的课程改革在对教师传统角色、传统教学方式形成前所未有的冲击的同时，也为教师成为研究型教师提供了广阔的发展空间，只要教师在教学中，把成为一名合格的教学工作的组织者、研究者、领路人，成为一名研究型的教师作为一种理念，作为一个追求的目标，在课程改革中是可以大有作为的。

要成为一名研究型的教师，就必须做一个终身学习者，不断地进行知识的充电，不断地提高自己的学养水平。当今时代，新知识层出不穷，知识更新周期不断缩短，每个人都要加强学习、终身学习。新课程的实施，更对教师的学习提出了更高的要求。实施新课程尤其需要学习先进的教育教学理论，确立符合素质教育要求的教学观和人才观；学习教育心理的有关知识，准确把握当代儿童的身心发展规律，把握来自不同家庭的学生的个性差异，从而做到因材施教；还要注意学习有关研究的一般方法的理论书籍，从而能够适应组织学生进行研究性学习的需要。教师从根本上确立终身学习的意识，做一个终身学习者，不仅是为了民族的复兴与进步和每一个学生的发展，也是教师专业化、自主成长和提升自己人生质量的重要前提。

要成为一名研究型的教师，掌握和运用教学研究的基本方法是十分必要的。教学研究的方法是很多的，诸如：课堂观察、问卷编制、案例研究、行动研究、校本研究等。同时，随着新课程的实施，学生学习内容的丰富和学习方式的改变，教师还应熟识和了解其他领域的研究方法，如组织学生进行课题研究的基本方法和本领等。从理论专著中学习这些方法是必要的，但学习的目的全在于应用，应用之妙在于创新，教师只有在实施新课程的过程中，不断以理论指导教学实践，不断在教学实践中总结经验，进行教学创新，才能不断地提升自己的教学水平和研究水平。成为一名名副其实的研究型的教师。

## 第一节　"教学"与"研究"不分离

教师的工作就其本身的逻辑、哲学基础和创造性质来说，本来就不可能不带有研究因素。这首先是因为，我们与之交往的每一个个体，在一定程度上说都是一个具有自己的思想、情感和兴趣的独一无二的世界。如果你想使教育工作给教师带来欢乐，使每天的上课不致变成单调乏味的义务，那就请你把每个教师引上进行研究的幸福之路吧。

——苏霍姆林斯基

教师不只是教学者、学习者，同时还应该成为一个研究者。教师要实现自己的专业发展，成为一个专家型的教师，仅仅靠自己原有的知识是远远不够的。信息化时代的到来和教育教学改革，都要求教师不断更新自身知识结构，转变一味向学生传授既定知识的做法，通过学习赋予教学新的元素，实现与学生的结伴成长、共同发展。

　　教师身处教育教学的第一线，掌握了很多第一手的研究素材，有着搞教育研究的巨大潜力。只要增强这方面的意识，把自己的课堂、班级当成自己的"实验室"，并投入精力去认真研究，就会变可能性为现实性，变经验型为科研型。

　　教师在教育教学过程中总是会碰到各种各样的问题，几乎都没有现成答案。专家能提供的是关于解决问题的一般认识，但很难提供解决问题的具体方法。教师只有拿起研究的武器，实现由实践者向研究者的转化，善于把问题当做课题来研究。在寻求答案的过程中，要切实形成解决问题的新思路，多用推断和联想两种思维方式，从多个角度去分析问题，从而找到破解矛盾的新方法，

　　今天，教育理念不断更新，新的课程改革也在推出，已越来越强调理念向实践转化，课程向教学转化，教材向教师转化。在转化过程中，教师的日常教学势必会遇到形形色色的新问题，出现各种各样的新矛盾。面对这些问题与矛盾，需要教师以研究者的姿态出现在教学实践的情境中，认真反思在那些传统教育理念下的教学内容、教学方式、教学手段、评价体系中，忽视人的主动性、能动性和独特性的地方。通过研究分析问题、破解矛盾，使教学呈现出新的状态和水平。

　　由此看来，教学与研究相结合已经成了教师生活中很重要的

一部分。教师角色由传统的传授型向研究型的转变，已经成为教师新的发展方向。教师对自己的教育实践过程绝不允许"过后不思量"，而应该自觉得回过头看看、相想，用研究的观点看待实践中的问题，形成教学与研究双向互动。这不仅对教师自身职业发展有巨大的推动作用，而且也展示了教育创新的美好前景。

## 第二节　培养自身的问题意识

我没有什么特殊的才能，不过是喜欢寻根刨底地追究问题罢了。

——爱因斯坦

爱因斯坦曾说过："发现一个问题，比解决一个问题更有价值。"西方哲学史上有一个著名的故事：在剑桥大学，维特根斯坦是大哲学家穆尔的学生。有一天，大哲学家罗素问穆尔："谁是你最好的学生？"穆尔毫不犹豫地回答："维特根斯坦。""为什么？""因为在我的所有的学生中，只有他一个人在听我的课时，老是流露出迷茫的神色，老是一大堆问题。"后来维特根斯坦的名气超过了罗素。有一天有人问维特根斯坦："罗素为什么落伍了？"他回答说："因为他没有问题了。"通过这个经典的故事，我们可以洞悉，教师的成长与专业问题是密不可分的，教师的问题意识是教师的专业成长活力的重要表征。

　　教育科研过程就是一个发现问题、提出问题、分析问题和解决问题的过程。因此，对于一名教师来说，是否具备"问题能力"和"问题意识"，就成为教育科研工作的核心、重点和关键。长期以来，我们一直强调在教学过程中注重学生的问题意识，而很少涉及教师的问题意识。教师问题的缺失使许多教师成了没有问题的"罗素"——落伍的"罗素"。

　　所谓"问题意识"，是指人们在认识活动中，经常意识到一些难以解决或疑惑的实际问题及理论问题，并产生一种怀疑、困惑、探索的心理状态。问题意识不仅体现了个体思维品质的活跃性和深刻性，也反映了思维的独立性和创造性。强烈的问题意识，作为思维的动力，促使人们去发现问题，解决问题，直至进行新的发现与创新。所以，问题是科学研究的出发点，是开启任何一门科学的钥匙。没有问题就不会有解释问题和解决问题的思想方法。新课程改革的到来，把问题作为课堂的中心显得越来越重要，平时我们谈的更多的是培养学生的问题意识和问题能力，而忽视了对教师自身问题意识和问题能力的形成的研究。而教师问题意识和问题能力恰恰是学生问题意识和问题能力培养的必要条件。

　　那么，作为教师要从哪些方面去培养自身的问题意识呢？

　　1. 从备课过程中发现问题

　　备课是教师的一项基本功，是每天都要做的一门功课。备课的过程，实际上是先进理念的进一步内化和外显的重要过程。在此过程中，教师通过对《课程标准》的研究，通过对教材重点难点的理解与分析，通过对相关课程资源的挖掘与整合，通过对学生认知等前提条件的观察与体悟，总会发现一些问题、困惑存在，假如有意识地对此加以归纳、梳理、提炼，就能形成有价值的基于解决"真"问题的"课题"。而这些源于实践的课题的研究和解决，恰好能真正起到课题研究的作用，实现其价值。

2. 在教学实施的过程中，发现问题

课堂永远是教师的主阵地，是问题发生的地方。课堂上学生的学习状态、投入程度、合作的深度与效果、课堂的预设与生成、训练与反馈，等等，每一个学习细节，每一个教学环节，都可能有问题存在。如，小组讨论时任务是否合理，要求是否明确，问题设置是否妥当，小组成员分工是否恰当，讨论是否深入，有无"沉默者"；课堂的训练目标是否科学，训练题目的设计是否关注了难度、梯度和效度，反馈是否及时，反馈的方式是否合理，评价是否到位妥帖，等等，每一个具体问题的发现，就是教师对课堂观察和思考的结果的展示，每一个问题解决的过程，就是对先进教学和课程理念内化与外显的过程，就能促发我们对课堂教学诸多问题进行深度思考。

3. 从同事身上发现自身问题

同事就像一面镜子，是衡量自身的一个标尺。从同事身上，可以发现我们自身所存在的问题和差距，明确前进的方向。在日常工作中，应该坚持"听别人的课，想自己的课"，"听他人的课，改自己的课"。可以借助课堂观察，与优质课、名师的课、同事的课作对比，反思自己在上这节课时是怎么处理的，有哪些不同，哪些地方处理得不如他好，为什么，怎么改进更好，等等，站在局外人的角度，审视自己、反省自己、发现自己、完善和改进自己，在比较中提高自己。

4. 在教学反思中发现问题

教学反思即自觉地把自己的课堂教学实践，作为认识对象而进行全面而深入地冷静思考和总结的过程。无论是对教师的"教"与"育"，还是对学生的"学"与"习"，很多问题的发现和归纳就来源于我们的观察和反思。可以说没有反思，就不会发现、研究和解决问题；没有反思，就不会有经验的总结和提升；没有反思，就不会发现理念与实践的差距；没有反思，就不会有新理念的融入和行为的跟进。因此，我们不仅要深化对"教"的反思，发现和解决"教"的问题，更要关注"学"的反思，要研究学的行为，学的习惯，学的品质，学的方法，学的环节，学的有效性等方面存在的问题。通过反思，加速问题汇集的进程，促使一线教师在梳理问题、提炼问题、研究和解决问题的过程中，加快教师专业化发展的步伐。

只有教师有了强烈的问题意识，才能促使教师自主地、自觉地、更加有效地反思、研究自己的教育教学行为，发现并进而改进自己存在的问题，增强自身的问题意识，实现自身的专业发展。

## 第三节　科学的态度和方法

学然后知不足，教然后知困。知不足，然后能自反也；知困，然后能自强也。

——孔子

在整个教师教育领域盛行教师专业化研究的今天，中学教师开展教育科研这一问题被提到一个前所未有的高度。随着终身教育，可持续发展，教师专业成长等的相继提出，"教师成为研究者"已经被越来越多的理论研究者和实践工作者所认可、接受。然而，在当下现实的教师群体当中，工作在第一线的教师们对待教育科学研究的态度，对自身进行教育科研有很大的影响。因此，教师在进行教育科研时首先要端正自身态度，严肃认真地去对待科研中遇到的每个问题。

教师进行科研教育科学研究要以教育经验为基础，在实际研究中将经验和理论、实践相结合，以科学的态度和方法，注意理论联系实际。人类社会发展到现在，已经在教育科研领域取得了许多科学的研究成果，总结出了许多行之有效的科研方法。经常使用的几种方法有：

1. 观察法

教育科学研究广泛使用的一种方法，是客观、全面地了解教育

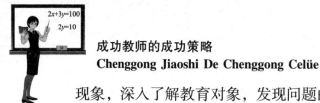
现象，深入了解教育对象，发现问题的重要手段；是制定正确措施和方法，提高教育质量的前提；是进一步认识教育现象之间的内在联系，把握其本质属性，探索新的教育规律的重要方法。研究者按照一定的目的和计划，在自然条件下，对研究对象进行系统的连续的观察，并作出准确、具体和详尽的记录，以便全面而正确地掌握所要研究的情况。观察法不限于肉眼观察、耳听手记，还可以利用视听工具，如录音机、录像机、电影机等作为手段。

观察法的步骤：①事先做好充分的准备，制订观察计划。先对观察的现象作一般的了解，然后根据研究的任务和研究对象的特点，确定观察的目的、内容和重点。如果情况复杂或内容多，可采取小组分工观察。最后制定整个观察计划，确定进行观察全过程所需的次数、时间、记录用纸、表格，以及所采用的仪器等；并考虑如何保持被观察对象的常态等等。②按计划进行实际观察。在进行过程中，既要严格按照计划进行，必要时也可随机应变。要选择最适宜的观察位置，集中注意力，记下重点，不为无关现象扰乱，观察时可借助仪器及时作记录，不要事后回忆。③及时整理材料，对大量分散材料利用统计技术进行汇总加工，删去一切错误材料，然后对典型材料进行分析。如有遗漏，及时纠正，对反映特殊情况的材料另作处理。

2. 文献法

文献法是研究者按照一定的研究目的或课题，通过研究文献活动，全面、正确地了解、掌握所研究的问题，揭示其规律、属性的一种方法。学校教育科研全书中写道："在教育这个特殊的领域，文献法更具特殊重要的意义。古今中外，一切有贡献的教育家都是在广泛吸取前人成果的基础上，即运用文献法对前人的成果加以吸收，运用，以及创新而取得的。千百年来，丰富的教育文献资料积累了无数有关教育事实、数据、理论、方法，以及科学假设和幻想，成为人类宝贵的精神财富。"文献法主要是通过阅读有关图书、资料和文件来全面地正确地掌握所要研究的情况。查阅的文件最好是第一手材料。如果是第二手材料，必须鉴别其真伪后才可选用。

文献法的步骤：①搜集与研究问题有关的文献，如图书、资料、文件和原始记录等。然后从中选择重要的和确实可用的材料分别按照适当顺序阅读。②详细阅读有关文献，边读、边摘录、边立大纲。③根据大纲，将所摘录材料分条组织进去。④分析研究材料写成报告。使用这一方法须注意：查阅文献之前，要有与研究问题有关的知识准备，否则难于从材料的分析中作出正确的结论。调查法研究者有计划地通过亲身接触和广泛了解（包括口头或书面的，直接或间接的），比较充分地掌握有关教育实际的历史、现状和发展趋势，并在大量掌握第一手材料的基础上，进行分析综合，找出科学的结论，以指导以后的教育实践活动。

3. 调查法

调查法是按照一定的目的和计划，间接地搜集研究对象有关的现状及历史材料，从而弄清事实，分析、概括，发现问题，探索教育规律的研究方法。一般的是在自然的过程中进行的，通过访问、发问卷、开调查会、测验等方式去搜集反映研究现象的材料。在调查的过程中，经常利用观察法作为调查和核对材料的手段。调查法必要时可同历史研究法、实验法等配合使用。

调查法的步骤：①准备。选定调查对象，确定调查范围，了解调查对象的基本情况；研究有关理论和资料，拟订调查计划、表格、问卷、谈话提纲等，规划调查的程序和方法，以及各种必要的安排。②按计划进行调查活动，通过各种手段搜集材料。必要时可根据实际情况的变化，对计划作相应的调整，以保证调查工作的正常开展。③整理材料。包括分类、统计、分析、综合，写出调查研究报告。

4. 经验总结法

教育经验总结法是依据教育实践所提供的事实，按照科学研究的程序，分析和概括教育现象，揭示其内在联系和规律，使之上升为教育理论的一种教育科研方法。在中外教育史上，有许多关于教育经验总结的著述，对教育事业的发展产生了深远的影响。凡有重大建树的教育家，无不通过总结自己和他人（前人）的经验，探索教育的客观规律，推动了人类文化教育事业的进步。教育经验总结是提高教育教学质量，提高办学水平的可靠保障，是丰富和发展教育科学理论的重要途径。

经验总结法的步骤：①从实际出发，认真选择课题，确定研究对象（总体）。②围绕中心内容，广泛收集、掌握有关参考资料。③计划与实施。制订工作计划，做好人力和时间的安排，搜集具体的经验事实，进行分析、综合、总结和验证。④概括经验。通过分析、综合、抽象、概括使经验条理化、系统化，并突出重要的、有特色和创新的内容，提炼标题字句，上升到教育理论的高度。⑤总结研究成果，写出论文或研究报告。

5. 行动研究法

行动研究法是最受教育工作者欢迎，运用最为普遍的科研方法，是我们教育工作者要重点掌握的一个教育科学研究方法。行动研究作为一种研究方法和途径，起源于美国。所谓行动研究，其特点是在自然条件下进行实践，并对实践进行不断的反思的一种研究方法。

行动研究法的步骤：①确定问题。从学校实际工作出发，提出教育教学以及管理方面的亟待解决的问题和改变的初步设想。收集有关资料，明确研究目的和意义。②制订计划。首先要制定系统的总体计划，包括研究的目标内容，途径方法，管理评价等，还要制定具体的行动计划，安排好活动的先后顺序等。③行动实施。要组织参与研究的人员进行学习和培训。要按计划所制定的措施采取行动，组织活动。要注意活动资料的收集和整理，注重实际效果和问题的解决。④分析与评价。对研究所获得的数据和资料要进行系统的科学处理，及时对研究的成果进行分析和评价。⑤提出报告。报告的内容应该包括研究背景，理论依据，目标内容，实践操作，效果结论及思考与建议等。

端正的科学态度和科学的研究方法才能使教师的科研水平得到不断提高，使教师走上专业发展的道路。

## 第四节　研究成果付诸笔端

笔耕不止，是教师提高自身素质的有效途径，是造就教师杰出教育成就的熔炉，是壮丽教师辉煌教育人生的摇篮。

——刘友开

教书育人是传统教育的基本着力点，教师只要把这两个方面做好，我们的教育就好了，但是，现代教育课堂则不一样，不仅要求教师教书育人，还要求教师要研究学生、研究课堂教学、研究教材……这就要求教师的教学工作不能仅仅局限于学生、课堂等传统的教学对象，还应该把教学活动中的所有对象纳入自己的教学研究当中。因此，现代化教学课堂上的教师应该向专业化教师发展、向专家型教师奋进、向教育家型教师靠拢，走教学→研究→写作→教学的道路，以研究带动写作、以写作带动研究，促进现代课堂的纵深化发展。

但是教师在进行教育科研时都会出现一个共同的问题：研究成果未成形。教师的研究结果多数情况下只是一个大概的形式或者框架，而并没有形成一个系统。这主要是因为大多数教师忙于教学工作，很少会分配出一定的时间去整理自己的研究成果，更不要说把自己的研究写下来，形成文字了。当阅读众多的教育报纸杂志，有很多东西看了之后，让我们感到似曾相识，觉着眼熟，感叹不已，"我怎么就写不出来呢？这些东西我们用过同样的方法去处理过此类许多问题，自己怎么就想不着去写出来呢？"曾几何时为此感叹、为此懊恼、甚至是愤恨不已。

所以，教师在进行教学研究的同时还要勤于动手，勤于动笔，把自己的研究成果付诸笔端。"好记性不如烂笔头"，只要长期坚持积累下来，你会发现你原来也有丰硕的教学研究成果。

作为普通教师而言，要教好书，最重要的就是要善于实践、思考并记录，而这正是一个普通的教师成长为一名教育专家的关键所在。因为当一位教师在日常工作中一边实践一边思考一边写作（记录）时，他就已经进入了教育科研的状态了，而且这种研究带有鲜明的人文风格与个性化色彩，这是一线教师结合自己的时间进行教育科研的最佳方式。教育研究之所以与一般的自然科学研究不同，在于它更多关注的

不是因果，不是规律，不是物性，而是价值、精神、人性。教育学研究的教育现象，不是精确的而是模糊的。在教育实践中，教育者和被教育者的关系不是人与物的关系，而是人与人的关系——精确地说，是教育者和被教育者已经融为一个整体。那么，教师不妨从以下几个方面做起：

1. 写教育教学叙事

叙事就是讲故事。讲述叙事者亲身经历的事情，并把自己亲身经历的事情写下来。这种教育教学叙事，既不是检验某种已有的教育理论，也不是构建一种新的教育理论，更不是向别人炫耀自己的研究成果，而是以自我叙述的方式来反思自己的教育教学活动，并通过反思来改进自己的教育教学实践、来不断提高教育教学质量。这种叙事所陈述的可以是自己在日常生活、课堂教学、教改实践活动中曾经发生或正在发生的事件，也可以是自己的个人工作总结等。它所实践、记录的是具体的、情境性的、活灵活现的自己的经验世界、展现的是自己心灵成长的轨迹，说出的是教师在教育教学活动中的真人、真事、真情。也可以是亲眼所见，发生在身边的事，也是我们每个教师的亲力亲为，因此，写起来得心应手，挥洒自如。

2. 写教育教学日志

日志展现的是自己对教育生活事件的定期记录，是自己有意识地把真实的活动场景转化为文字、语言符号加以记载的时候，也就是在梳理着自身的行为，使之有意识、有条理、清晰地表达着自己思想和做法。教育日志的记录可以是每天或几天记录一次，但至少是每周记录一次，教育日志不是仅仅罗列自己的生活事件，而是通过聚集这些事件，让自己更多地了解自己的思想和相关行为。在日志中，记录的是教师在实践活动的过程中，所观察到的、所感受到的、所解释的和所反思的内容，是教师所见所闻所思所感的自由写作。记不清是那位学者说过"凡是引起你注意的，甚至引起你一些模糊的猜想的每一个事实，你都把他记入你的记事簿里，积累事实，善于从具体事物中看出共性的东西，这是一种智力的积累，有了积累这个基础，就必然会有那么一个时刻，使你顿然醒悟，那长久躲闪着你的真理的实质，会突然在你面前打开。"这种顿悟就是长期积累的结果。

3. 写教育教学反思

反思是一种批判性的思维活动，反思本身不是目的，其目的在于切实变革实践、提升教师自身的教育教学水平。叶澜教授也曾经指出"一个老师写一辈子教案不一定成为名师，如果一个老师写三年反思有可能成为名师。"可见反思在教师专业成长中的作用非同一般。正如我在《实践、反思、读书》所说，反思就是借鉴别人、思考自己、留下精华、丰富自我。那么，如何反思、反思什么可能是我们老师在反思中遇到的最大的问题。反思什么：教学的定位、动态生成、教学设计、教学效果、教学资源等等教学中的任何疑难问题都可以成为反思的对象，对教学中任何困难

的思考都有可能成为教学智慧产生的源泉，对教学中任何关键性问题的不断求索都可以增进教师的反思能力；如何反思：把教育教学理念作为反思的着眼点、把相关经验和理论作为反思的重要参照、把整体反思与局部反思相结合、把反思贯穿于教育教学的全过程、把反思结果运用于实践、改进实践等等，凡是能够把自己的教学思考和认识恰当地表达出来的方式，都可以尝试运用。

4．写教育教学案例

我们每一位教师在教育教学生涯中，都会遇到这样或那样的问题、事件，可能面对的是一些学习困难的学生、也可能面对的是一些学业成绩较好的学生；可能有的学生在某些科目当中学习的很好、而有些科目的学习存在着很大的困难；有的认知和情感发展不平衡等等。诸如此类事件、问题实际上都可以经过一定的思维加工，以案例的形式体现出来，成为大家共同探讨的对象。撰写这些案例对教师本人来说：案例的撰写为教师自己提供了一个记录自己教育教学经历的机会；可以促使教师更加深刻地认识到自己工作中的重点和难点；可以促进教师对自身行为的反思、提升教学工作的专业化水平；可以为教师之间经验的分享、加强沟通提供一种有效的方式；可以架起教师理论研究与教学实践的桥梁。

因此，在我们的教育教学实践中，无论是写教育教学叙事、写教育教学日志、写教育教学反思、写教育教学案例，都必须遵循以下原则。

①写自己的感受，包括了对抽象事物和具体事物，内在事物和外在事物的感受。感受到什么写什么，不要冥思苦想超越自己的感受。巴金说："写生活中的感受、最熟悉的东西是感受最深的东西。"

②向别人解释自己的感受。把自己的感受写出来，固然把情绪发泄出去了，但如果别人不明白，还是无法交流的。如果你想让别人了解你的感受，你就必须要解释。

③只写自己想写的感受，对自己不想写的感受绝对不写。一天当中人会有许多感受，但不是每个感受都值得一写。

总而言之，必须是真情实感，这样才真实感人。

# 第九章　处理好身边的人际关系

　　良好的人际关系是人在社会生活中的一味重要的调味品，没有朋友和友谊的生活是单调、乏味的，工作也是如此。没有谁愿意选择与自己有矛盾的或自己厌恶与之相处的人共事、合作。相反，与你共事合作是相交甚笃之人，不仅工作得愉快、轻松，而且工作实绩也会明显好于前者。在学校这个大环境中，教师不仅要与学生相处、同事相处、校领导相处，还要与家长接触。在相处过程中可能会产生不同程度的人际关系紧张和不和谐。人际关系的不和谐又造成教师的心理空间、生活空间、交往空间大大缩小、对其身心健康、工作学习、日常生活都会产生极为不利的影响。但是，在教学工作过程中，你接触到的每个人不一定都会是自己喜欢的人，这就需要我们去恰当处理身边的人际关系。

　　有这样一个故事：冬天，一群刺猬为了取暖而挤在一起，挤紧了又互相刺着；松了，又达不到取暖的效果。于是，既要取暖，又要不互相伤害，就只好保持一定的距离。故事揭示了人与人之间相处的艺术：双方都既得利益，又都不受到伤害。这样的相处便是和谐相处。

教师要抱着坦率、真诚、与人为善的态度，与周围的每一个人和谐相处，让别人了解自己的同时也了解别人，在别人适应自己的同时也主动去适应别人。

## 第一节　教师与学生相处的艺术

要学生做的事，教职员躬亲共做；要学生学的知识，教职员躬亲共学；要学生守的规则，教职员躬亲共守。

——陶行知

古时强调师道尊严，"天地君亲师"，由此可见为师者的地位和尊严。时至今日，我们依然提倡尊师重教，但在这个讲求平等和民主的时代，作为教师却不能一味强调"师道尊严"，而是在关注的目光投向学生，建立和谐的师生关系。

和谐的师生关系并不复杂：一方面是教师对学生的关心和爱护，另一方面是学生对教师的尊敬和信赖，也就是做到"学生眼中的好老师"和"老师心中的好学生"，但是要想做到这一点并不容易。前不久，一份关于中学生心理状况的调查报告却显示：当心理存在问题时，只有2.06%的同学愿意向老师倾诉；在对待老师批评这个问题上有近三成的同学认为老师是可恨的，有意挑自己的毛病。虽然这份调查存在一定的局限性，但这一现象却反应了师生关系存在的问题。先看一下下面两个对比鲜明的例子：

一、老师的"爱心药箱"

"伍老师，今生有缘当你的学生，是我最大的幸福和荣幸。""没有伍老师无微不至的爱和鼓励，就没有今天勤奋好学的我，多年以后，我一定要成为今天的你。"读着学生们在作文中对自己的敬佩、热爱和欣赏，伍勤爱老师幸福得红了眼圈，然后，欣慰地笑了。

"我们班里有一个药箱，日常用的许多药都可以在药箱里找到，这些都是伍老师从工资里拿钱买的。"吴老师班上的学生介绍说。伍老师的先生是医生，每次班里的学生有头痛发热或者肠胃不好的小病，伍老师就按先生开的药方，拿药箱里的药给患了病的学生吃，因此，不是很严重的疾病，学生一般不用请假回家。

提起伍老师对学生的好，不仅学生，就连同事也能列举出一大堆的事儿来。天冷了，班上有名敏感而自卑的特困生的鞋子和衣服补了又补，伍老师看在眼里记在心上，放学后就抽空去买了新的鞋袜和衣服给他，并在班上表扬这位贫困生的勤奋好学，还想办法在经济上给予帮助；高考体检时发现班上有几位学生患有乙肝，伍老师除了做好这些学生的思想工作外，还从家里带来特意煲的汤水给他们喝，一位学生的家长得知后，激动地说，"我从没见过像你这么好的老师……"

二、和谐的师生关系

学生：教学只是一份工作，并不崇高

提到师生关系，绝大部分老师和学生都认为是和谐的，但因为种种原因，总体的和谐中也不时会冒出一些不和谐的音符。在记者的采访中，部分学生对"和谐师生关系"这一问题不以为然，"老师出来工作，从中获得了工资，他们是为了拿薪水，没有人们说的那么崇高。"有的学生甚至直言："他们总觉得自己是老师，看谁不顺眼就找茬，只要他们不找茬，师生关系就会和谐很多。"

老师：个别学生不理解老师的付出

与此同时，部分老师也颇有意见。"做老师的感觉真是酸、甜、苦、辣、咸五味俱全。当学生不理解你为他们付出的时候，比如有个别调皮的学生，自己不学习还影响别的同学学习，对这些学生，我真的很头疼。"提起这些学生，老师们显得既痛心又无奈，"还有一些学生，过早地沾染上了社会上的不良习气，整天一副满不在乎的样子，不管批评他、表扬他，都无动于衷，做不做作业、听不听课，对他们来说，好像都无所谓，你说这些学生，老师能拿他们怎么办？"

对于学生的这些行为，一位老师总结说，一是因为这些学生正处于青春期，存在逆反心理，有时故意和老师作对，并以此为乐；二是成绩差、自觉升学无望的学生破罐子破摔；三是个别学生故意在班级等公共场合大声讲话，希望引起老师的关注，并以此为荣。

从上面的例子我们可以发现，有些教师与学生相处融洽，师

生关系良好，老师尊重爱护学生，学生也对教师敬爱有加；有些老师与学生之间的关系并不融洽，双方彼此不能理解，师生关系出现问题。绝对多数教师肯定会向往第一种师生关系，但是有时候也会出现第二种情况。师生之间如何相处才会和谐呢？作为教师又应该怎么做呢？

## 1. 要懂得增强学生的信心

在这方面要懂得把握时机，比如说在宿舍里，学生的内务做的很好，你不经意地说句"某某同学，今天的表现很好啊。""某某同学是我们学习的榜样啊"即使是最最简单的一句"好样的！"也会在学生心里留下深刻的印象。这样，对接下来工作开展都是举足轻重的作用，学生会对你的言语计从。

学生在心灵上都有一种积极向上的愿望，希望一切重新开始，希望自己在新的一学期经过努力，赢得老师的好感和信任，特别是刚进入初一，进入一个新的班级的时候，学生看到换了环境，不管这个学生原来成绩多么糟糕、思想多么落后，他都会萌发出一种"一切重新开始"的向上心理，他会时时告诫自己，不要重犯原来的错误，这一次我一定要好好学习的心理，对自己重新充满希望和信心，决定把这作为努力改变自我，争取进一步的新起点。要懂得掌握学生的这种心理，保护并增强学生的这种信心，让他们重新找到那"自信的世界"。

大部分成绩较差的学生，平时缺少的就是老师适当的表扬，他们以前得到的总是老师的埋怨、指责，如果能够得到哪怕是一点滴表扬，他的学习热情将会高涨，自信心也就更足了。大量的事实表明，学生要提高学习成绩，成为学习上的强者，首先要自信，绝不能自卑，要相信自己有巨大的潜力，而老师的适时表扬是激发学生自信心、进取心、坚韧性的最好的催化剂。我相信每一个学生都是希望得到老师表扬和赞美的，学生也会努力回报老师对自己的赏识的。

2. 要平等对待学生，尊重学生

放下高高在上的架子，要和学生成为朋友，在做良师的时候，别忘了做他们的益友，这才能消除和学生间的隔阂。"做学生的好朋友"。在学生犯错误的时候，不能简单的讽刺、挖苦，甚至是体罚学生，要以理服人。思想工作要理直气壮，有"理"才能"气壮"，"事实胜于雄辩"嘛，理不直，则气不壮，理不直，自然会中气不足，语言没有感染力，这种思想教育显然是低效的，无效的，甚至是有害的。要知道人非圣贤，孰能无过，何况学生，所以我们要理解他们，给他们讲道理，帮助他们改正错误。

3. 要提高自身的人格魅力

与学生相处要努力使自己具有高尚的品德、良好的职业道德、较高的思想素质，如：谦虚、和蔼、爽快、充满爱心、一视同仁、言谈适度、举止得体、雷厉风行、以身作则、不讽刺学生、不偏袒学生、不苛求学生、不体罚学生、热爱本职工作、爱岗敬业、乐于奉献、不在学生面前发牢骚等等。

发光人格魅力最能感召学生的灵魂，它会将对你的信任和喜爱，转化为学习的动力。

### 4. 教师要讲究方法技巧

教育学生，光有热情，光有爱是不行的，还要讲究技巧。

在学生犯错误进行教育时，要旗帜鲜明，分清是非。所谓旗帜鲜明，就是在摆事实、讲道理的时候，要鲜明地指出反对什么，坚持什么，不能模棱两可，含混不清。使学生形成一定的正确观点，还要针对学生思想上存在的实际问题启发引导，清除其思想障碍，纠正其错误，不能压服学生，或以惩代说，用简单、粗暴的惩罚、体罚或变相体罚的方式来代替本应耐心细致的思想教育工作。

还有，语言一定要有感染力。教师要善于使用情感化的语言，要善于晓之以理、动之以情，因为只有通情才能达理。

要顺"性"，这是因为，人的思想品德的形成的发展是不平衡的，学生难免会产生不同意见，这时教师要耐心开导，甚至要耐心地等待，允许学生有个思想消化和思想反复的过程，这个过程也许要一天，两天，一周，甚至更长的时间。这也就是我们平时所说的"温处理"。

良好是师生关系是学生健康成长的重要条件，不仅会激发学生的学习兴趣，而且对教师教育教学工作的展开起到很大的推动

156

作用。

## 第二节　与同事相处的策略

天才并不是自生自长在深林荒野里的怪物，是由可以使天才生长的民众产生、孕育出来的，所以没有这种民众，就没有天才。

——鲁迅

如果一个人不是生活在孤岛上的鲁滨孙，就会有各种各样的人际关系，这些关系是客观存在的。人际关系的亲疏好坏，会产生不同的效益，或阻力，或助力。而同事关系是人际关系中最重要的一种，一个人除了家人、亲友、师长等亲情友情关系外，更重要的是整天与同事相处、配合、协作。工作的效益、心情，事业的成功、顺畅，很大程度上受着同事关系的影响。而教育这个工作效果的群体性、工作过程的协作性都非常强的特殊工作，更需要一种和谐、团结、协作的同事关系，才能达到提高自己和共同提高的目的。所以，教师要学会成功与同事相处，处理好身边的关系。

学会谦虚。尤其是对于刚从学校毕业走上讲台的新教师来说，学会谦虚是很重要的。现在的新教师一般都毕业于高等院校，本科甚至学士硕士，比起多年前参加工作的老教师来说，的确学历更高，思想更前卫，观念更新潮，方法更灵活，但毕竟在教育教

学实践上还得从头开始。所以，新教师一定要克服自恃才高、学历高而恃才傲物，目中无人，狂妄自大。要虚心向他人请教，虚心对待别人的意见和建议。但也要克服为了恭敬谦虚而刻意逢迎。

尊重平等。苏格拉底曾言："不要靠馈赠来获得一个朋友，你须贡献你诚挚的爱，学习怎样用正当的方法来赢得一个人的心。"可见在与人交往时，真诚尊重是礼仪的首要原则，只有真诚尊重，方能创造和谐愉快的人际关系。同时男女教师相处从根本上讲也是人与人的交往，而平等是人与人交往时建立感情的基础，是保持良好人际关系的诀窍。不论是上级对下级、下级对上级，还是同级之间，大家都应互相尊重，平等待人。

互相关爱。一个学校的教职工中，年龄有老中青之别，学历、职务有高低之分，但人格平等，均应一视同仁，把每一个同事都当作朋友。不要怕主动表达你的关爱，只要你是真心诚意的。比如去收发室取报纸时，顺便就把楼上几个办公室同事的信和报刊都带上了去送给他们；比如哪位同事第四节有课，你就主动提出帮他买份午餐；再比如哪位同事病了，主动问候；同班教师有急事请假，你主动提出帮助代课守班。即便同事不需要你的帮忙，你的心意他是会领受的。这样，你随时细心地体察同事的需求，时时抱着善意和助人的心态，那么同事就一定会很快地认同和接受你的。

赞赏优点。大部分教师的自尊心都较强，不愿意别人说他的短处，相比较而言，他们更希望得到别人的赞扬。作为同事，要对周围的教师更多的赞美，学会欣赏别人的优点，相互学习，取长补短，共同进步。

诚信大度。古人云："人无信，不可交"。同事之间要说话算话，办事负责，工作认真，与其他同事交往要谦虚、和气、有礼貌，这样才会取得其他同事对自身的信任和尊重。大度是一个教师所必须具体有的品质内涵，从大处着眼，目光远大，胸怀大志，宽厚待人，这样才能赢得周围人的好感。

合作共赢。教师与教师之间是同事关系，同时也是合作与交流的对象。在学校这样一个大的教育环境中，教师都有一个共同的愿望，就是促进每一位学生的健康成长，教出好成绩，做一个优秀的教师。每位教师都有自己独特的位置，每位教师都在为自己的目标和大家共同的目标而努力着。只有营造一种团结合作的氛围，才能实现共赢，才能使教师自身得到长远发展。

此外，学校的办公室是一个特殊的场合，教师还应该注意与同事相处的礼节性问题。

1. 问候

作为同事，往往朝夕相处，但即使很熟也不能忽视礼仪规范。同事碰面要积极热情地打招呼，并给予问候。对年长的老教师更应注意使用的"请"、"您好"等敬语。

### 2. 办公座谈

在办公座谈时，听众应坐姿规范，保持安静，尊重发言人，不能议论纷纷，说三道四；也不能东倒西歪或呼呼大睡。还应注意手机的声音应调小，更不能当众大声接电话，以免打扰别人。发言人，要注意文明用语，说话吐字清晰、简洁明快。

### 3. 低声交流

在办公室交谈应注意低声，以免打扰别人办公或休息。但要注意不要总是交头接耳，更不能在别人背后说三道四，应努力营造一种团结向上、严肃活泼的气氛。

### 4. 着装禁忌

忌过分时髦。现代女性热爱流行的时装是很正常的现象，即使你不去刻意追求流行，流行也会左右着你。有些女性几近盲目地追求时髦。例如有家贸易公司的女秘书在指甲上同时涂了几种鲜艳的指甲油，当她打字或与人交谈时，都给人一种厌恶的压迫感。一个成功的职业女性对于流行的选择必须有正确的判断力，同时要切记：在办公室时，主要表现工作能力而非赶时髦的能力。

忌过分暴露。夏天的时候，许多教师便不够注重自己的身份，穿起颇为性感的服装。这样你的才能和智慧便会被埋没，甚至还会被看成轻浮。因此，再热的天气，应注意自己仪表的整洁、大方。

## 第三节　与校领导的相处策略

不应把我的作品全归功于自己的智慧，还应归功于我以外向我提供素材的成千成万的事情和人物。

——歌德

据统计，在职场中有 30.43% 的人与领导关系比较好，容易沟通；57.97% 的人与领导的关系一般；10.14% 的人与领导关系不好，还经常在领导背后抱怨；1.45% 的人与领导经常发生冲突。学校作为一个特殊的教育环境，教师和校长之间的上下级关系也存在类似的问题。校长是一所学校的领导者和管理者。但是很多时候，校长并不能达到所有教师的要求。有的教师可能会觉得校长不如自己，最常见的是校长教书不怎么样，科研也不过如此等等。尤其是拿自己的长处和校长的短处比时，你可能会发出感慨：校长真是选错人了。

比尔盖茨说："人生是不公平的，习惯去接受它吧。"校长是管理者，教师是被管理者，两者之间是互相依存的关系。所以，教师在于校长的接触过程中应该避免与其发生冲突，减少负面影响的产生，达到和谐相处，共同发展的目标。

那么教师应该怎么与校长和谐相处呢？

首先，正确面对与校长的矛盾。

教师要保持良好的心态，在学校工作过程中能够任劳任怨，控制自己的情绪发展。受客观环境和现实条件的制约，学校在工作分工、利益分配、人事安排、业绩评估等方面不可能做到绝对公平。在这种情况下，教师作为当事人可能会有一些个人的想法，但要注意别把这些想法转换成对校长的或者学校管理阶层的怨愤。作为一个教师，不要看重一时一事的得失，而应该注重长期的发展，保持校长对自己的综合印象和整体评价。要相信自己只要踏踏实实工作，必然会得到相应的回报。

在人与人的相处过程中，由于各自的性格不同，难免会发生冲突。校长不可能和每个教师的性格都相投，难免会在思维方式、看问题的角度上有所分歧。并由此引发工作和生活上的冲突也是不可能避免的。作为教师要正确对待这些矛盾，理智地分析问题。对待校长的批评要虚心接受；如果出现误会不要着急解释，要选择恰当的时机与校长进行沟通。

其次，正确对待校长的批评。

教师因为犯错而遭到校长的训斥或者批评时，不能因为觉得没有面子而怀恨在心。面对批评要端正心态，把校长的训斥批评当做对自己的培养教育，要认真聆听指责。要把校长的责骂当做是一种鞭策自己的动力。同时，教师这种虚心接受批评的态度往往会给校长留下良好的印象。如果教师能够在校长的责骂之后，认真反思，积极改正错误，取得进步的话，必然会取得校长的重视和信任。

第三，学会换位思考。

校长并不是教师所想象的那样清闲，一个爱岗敬业的校长往往是很辛苦的。作为一个学校的领导，既要为教学质量绞尽脑汁，还要为学生的发展、教师们的利益绞尽脑汁，同时还要应付各种名副其实的检查，等等。他们往往最希望得到的是教师的信任和理解。作为教师应该理解和支持校长所做的工作。在与校长发生不愉快或者对校长的某些教学措施有意见时，要学会站在对方的角度去考虑问题。你对校长的理解往往也会换来校长对你自身工作的理解。

第四，保持合适的距离。

作为教师要深刻认识到校长从事的工作与学校的命运、个人的事业息息相关。校长作为学校的领导者，自然需要得到来自教师的理解和尊重。但是，教师也没有必要对校长存在恐惧心理。在尊敬领导的前提下，还要平等地看待校长，做到不卑不亢，与校长和谐相处。过于畏惧和谦卑，会让人觉得浅薄，校长也不会重视你。但也不能玩世不恭，特立独行，不尊重校长的建议，这样也会使校长对自己心存偏见，甚至会在工作上给自己设置人为的障碍。所以，教师在与校长相处时，要把握一个合适的度，不近，不远，不卑不亢。

学校是大家的，不是校长或者某一个人的。教师是为自己工

作，为学生负责，不是为了某一个人。校长与教师在大的目标方向上是一致的，所以，教师要与校长和谐相处，在思想和行动上追求趋同，劲儿往一处使，同心协力做好教学工作。

## 第四节　与家长做好沟通

儿童只有在这样的条件下才能实现和谐的全面的发展，就是两个"教育者"——学校和家庭，不仅要一致行动，要向儿童提出同样的要求，而且要志同道合，抱着一致的信念，始终从同样的原则出发，无论在教育的目的上，过程还是手段上，都不要发生分歧。

——苏霍姆林斯基

人类通过沟通与交往表达自己的情感和思想。沟通与交往有着深奥的学问。掌握沟通与交往的技巧有助于人们更好的处理人际关系。作为一名教师，不仅要与学生、同事、校长处理好关系，还要跟学生的家长做好沟通。

国内外的教育专家普遍认为：在当今时代，教师已经不能独立解决许多迫切的教育问题，现代的学校，需要家长们的积极参与。而教师如何与家长进行融洽的沟通，至关重要。

确实，教师与家长的沟通是一门艺术，更是一种超越知识的智慧。家长是教师教育活动的合作者。身为老师，特别是班主任，很多时候都要和家长谈话，共同商讨如何使孩子成长得更好。那么，怎样才能更好地与家长沟通，达到自己的教育目的呢？

## 一、"尊重"

尽管在教师与家长关系中，教师起主导作用，但两者在人格上是完全平等的，不存在尊卑、高低之别。因此，教师必须尊重学生家长的人格，特别是要尊重所谓"差生"和"不听话"孩子家长的人格。对教育过程中出现的问题，首先要从自己身上找原因，还要客观地分析问题的症结所在，公正地评价学生的表现和家长的家庭教育工作，与家长共同研究解决问题的方法。

教师不要动辄就向家长"告状"，不要当众责备他们的子女。作为教师，更不能训斥、指责家长，不说侮辱学生家长人格的话，不做侮辱学生家长人格的事。否则会造成教师与家长之间的隔阂甚至对立，还可能引起学生对家长或教师的不满，损害教师的形象，降低教育效度。尊重别人是自尊的表现，也是得到别人尊重的前提，正如常言所说："敬人者，人恒敬之"。

我们班里有这么一个学生，学习成绩一直比较落后的，一年级时，家长是门口圈子里最爱唧唧喳喳的妈妈。自从上了二年级后，他的妈妈因为自己儿子的成绩问题，老是站在门口最远处。有一次，我将学生带出门口后，想找这个家长谈一谈，等了好久

这个妈妈才缓缓地走过来，一脸的不情愿，开口就是一句："×老师啊，我们家×××最近是不是很不好啊。"说完，狠狠地瞪了自己的儿子一眼。我急忙说："其实也不是的，只是因为最近你的孩子经常迟到，今天想提醒你一下。每天让他早些出门。""哦，好的好的，我知道了，不好意思啊，×老师。"说完，妈妈带着孩子便走了。远远地，你还听得到他们的对话声："你啦，害的我都不好意思到学校来接你，真是把妈妈的面子都丢光了你!"听着孩子家长这话，我心里忽然也觉得不好受，让这个妈妈这样没面子的其实不止是他的孩子，还有我啊。试问，哪个家长不愿意听到自己孩子的表扬啊，又有几个家长能一次又一次的承受的住老师批评的打击啊。孩子们学习上的差异性，难道就要让家长抬不起头做人吗？于是，我换了一种方式，经常主动上去和他妈妈说他的儿子，有几天没迟到了，学习小有进步了，作业拖欠的少了，或者是毽子踢的好了，逮到鸡毛蒜皮的事就表扬他的妈妈会教育孩子，后来，他的妈妈会主动上来找我了，也乐于接受小小的提醒了，不再见我就躲了，连带着，他的孩子也慢慢的进步了，以前背诵上的老大难，居然能一口气"秋天的图画"背完。

## 二、"家访"

　　教师的家访。每次家访最好事先与家长约定，不做"不速之客"，以免使家长因教师的突然来访而感到不自在。家访一定要围绕事先确定的目的进行，最好请任课老师陪同。一方面显得较有诚意与重视，另一方面也可以加强老师与学生之间的联系。教师在家访中要有诚心和爱心，讲话要注意方式，要多表扬孩子的长处和进步。如果教师对家长抱有诚心，对学生拥有一颗爱心，那么，家长必然会成为教师的朋友。切记，表扬学生就是表扬家长，批评学生就是在打家长的脸。

老师与家长的谈话都是为了孩子，作为老师，我觉得首先必须充分了解孩子的情况，如：孩子的学习成绩、性格特点、特长和爱好、优点和缺点等等。因此，我和家长谈及孩子的发展情况时是比较具体的，从不笼统、模糊和泛泛而谈，没把握和不准确的不说，让家长感到我对孩子的关心和重视，感觉到我工作的细致、认真和负责。而且，我与家长交流时，对孩子的评价也是客观而全面的，既肯定孩子的优点与进步，也真诚地提出其不足之处及改进办法。在谈到孩子的缺点时，我也是根据具体情况而区别对待，与很熟悉的家长我就说得直率一些；而有些家长自尊心强的，会把谈孩子的缺点视为对自己的批评而感到有压力的，我就说得委婉一些，注意家长的可接受性，同时也表达对家长心情的理解，以心换心，坦诚地与家长交流，这样就可以达到共同解决孩子问题的目的了。

### 三、"倾听"的艺术

任何教师，无论他具有多么丰富的实践经验和深厚的理论

修养，都不可能把复杂的教育工作做得十全十美、不出差错。而且随着整个民族素质的提高，家长的水平也在不断提高，他们的许多见解值得教师学习和借鉴。加之"旁观者清"，有时家长比教师更容易发现教育过程中的问题。因此，教师要放下"教育权威"的架子，经常向家长征求意见，虚心听取他们的批评和建议，以改进自己的工作。这样做，也会使家长觉得教师可亲可信，从而诚心诚意地支持和配合教师的工作，维护教师的威信。

**四、"了解情况"**

学生来自不同的家庭，每个家长的文化水平、素质和修养都不同，因此，教师要根据实际情况巧妙地运用语言艺术与不同类型的家长进行沟通。如：一是对于素质比较高的家长，就坦率地将孩子在校的表现如实地向家长反映，并主动地请他提出教育孩子的措施，认真倾听他的意见和适时提出自己的看法，共同做好学生的教育工作；二是对于那些比较溺爱孩子的家长，首先肯定其孩子的长处，给予真挚的赞赏和肯定，然后再用婉转的方法指出其不足之处，诚恳而耐心地说服家长采取更好的方式方法教育孩子。如，去年有个男孩子，家住镇里，由于爷爷的娇惯，他比较娇气，老师说一两句就哭，甚至不想读书了，而家长比较疼爱他、放任自由。面对这种情况，跟家长沟通时，首先对孩子表现及家长的担心表示理解，其次跟家长分析原因。而在跟该学生交流时，教师要先肯定他的优点，循序渐进的引导他认识自己目前的弱点，再与他一起分析这种弱点带来的危害性，然后跟他商榷解决问题的办法，建议他克服困难。在教师耐心的引导下，孩子和家长必然会接受并采纳了教师的建议，经过一段时间的努力，孩子终于改变了，并且在各方面都有了很大进步，家长很开心对老师表示感谢。三是对于那些对孩子放任不管，把责任推给学校和老师的家长，教师就应该多报喜，少报忧，满足家长欣赏孩子优点的荣誉感，提高家长对孩子的期望值，从而吸引他们主动参与到教育孩子的活动中来，开始主动关心孩子，主动与子女沟通，与学校沟通，为学生创造一个良好的家庭环境。四是对于后进生或是认为自己对孩子已经管不了的家长。有位教师有过这样一次经历：我班有几个学生，家长第一次见我就说："老师，我这孩子在家不听话，我管不了也不想管了，你帮我看严点吧。"这种情况，我就尽量挖掘其孩子的闪光点和特长，让家长看到孩子的长处和进步，对孩子的缺点适时地每次说一点，语气委婉，并提出改正孩子缺点的措施，重新燃起家长对孩子的希望，使家长对孩子充满信心，只有这样，家长就会主动地与我交流孩子的情况，配合我共同教育好孩子的工作了。五是对于有些气势汹汹蛮不讲理的家长，特别是有些提出一些不符合教育行为及规律

的观点和要求，或是不理解学校的一些工作安排的家长。遇到这种情况时教师应该沉住气，先让家长说完，发完脾气和牢骚，并对家长的这种心情表示理解，然后再耐心地以平静的语气与家长解释、分析事情的利弊和对错，以理服人并体现出自己的宽容大度，赢得家长的好感，从而得到家长对学校教育工作理解和支持。

**五、与家长沟通的十五句经典用语**

①您的孩子最近表现很好，如果在以下几个方面改进一下，孩子的进步就更大。

②请家长不要着急，孩子偶尔犯错是难免的，我们一起来慢慢引导他。

③您有什么事情需要老师做吗？

④您有特别需要我们帮助的事情吗？

⑤谢谢您的提醒！我查查看，了解清楚了再给您答复好吧。

⑥您有什么想法，我们可以坐下来谈谈，都是为了孩子好。

⑦孩子之间的问题可以让他们自己来解决，放心吧，他们会成为好朋友的。

⑧这孩子太可爱了，老师和小朋友都很喜欢他，继续加油。

⑨谢谢您的理解，这是我们应该做的。

⑩很抱歉，孩子受伤了，老师也很心疼，以后我会更关注他。

⑪我想这件事该有××负责，我可以帮你联系一下。

⑫我们非常欣赏你这样直言不讳的家长，您的建议我们会考虑的。

⑬您的孩子最近经常迟到，我担心他会错过许多好的活动，我们一起来帮他好吗？

⑭您的孩子最近没有来校，老师和同学都很想他，真希望早点见到他。

⑮请相信孩子的能力，他会做好的。

总之，教师把自己对学生的那份爱心、耐心和责任心充分地流露给家长，让家长觉得你是真心实意地关心爱护自己的学生的，你所做的一切都是为了自己的学生，站在家长的同等位置上为学生考虑，与家长沟通，用朋友的方式与家长交谈，就一定能够做好家长的工作的。

# 第十章　做一名健康快乐的教师

生活中真正的幸福、快乐不是由金钱、权利创造的，而是由健康的体魄所孕育的。

身体的健康是人生成功的基石。一个人若疾病缠身、身体虚弱，那么他的人生之旅也就会困难重重，心有余而力不足。相反，若拥有一个良好的身体素质，就能全心全意、无后顾之忧地投身于人生的奋斗之中，迈向成功。

做一名健康快乐的教师，不仅要保证身体的健康，还要有良好的心态。心态健康是人生成功的保证。只有以积极、乐观的心态直面人生的险阻，愈挫愈勇，拼搏进取。健康的心态会让人容易感到快乐，快乐是通往心灵安详的要道，一个快乐的人往往拥有乐观精神。乐观精神是自疗心病的无形妙药。医学家认为，乐观、开朗、愉快、喜悦的情绪，能增强大脑皮层的功能和整个神经系统的张力，促使皮质激素与脑啡肽类物质的分泌，使机体抗病能力大大增强。用这种乐观情绪取代不良情绪，对人体的健康非常重要。

健康是快乐的基础，快乐使人健康。一个健康快乐的人往往对工作和生活充满希望，工作和生活带给自身的幸福感也就会越高。所以，努力做一个健康快乐的教师吧。

## 第一节　教师职业病的预防

*体者，载知识之车寓道德之所以也。*

——毛泽东

教师的工作艰巨而繁杂，需要付出超人的脑力和体力。许多人长期劳累过早地透支了健康。

颈腰椎病。教师经常要抬头写板书以及长期伏案工作，颈腰椎都承受着巨大的压力，而一旦长期发展下去，还将出现脑供血不足等情况，严重影响教师的工作效率。长期低头伏案还使整个躯体重量全部压在腰骶部，压力随承受面分布不均，会引起腰、腹、背部肌肉下垂、疼痛，脊椎肌肉也因循环欠佳而出现痉挛现象。由于站立以及伏案工作时间长，腰酸背痛、坐骨神经痛、椎间盘突出等也是教师们的老问题。由于工作时间长，缺少运动也是教师们的一个普遍状态，这更使他们疲劳的身体难以得到恢复。

避免颈部长时间保持一个姿势，经常做颈部保健操以促进颈部血液循环，同时应注意加强肩部保健，适当放松，防止腰背受伤。感到腰酸背痛时最好热敷疼痛部位20分钟。伏案工作中间宜做些扩展胸部、扭转腰肢、活动四肢等运动，调整工作中的姿势

与时间长度，适度的运动与充分的休息，均可预防脊椎病。

颈源性头疼。讲课和伏案工作的时间长了，有的老师会觉得脖子疼，严重的会觉得后脑勺、头顶、眼眶甚至眼珠子都疼起来，而且还容易出现视觉疲劳。这就是颈源性头疼，也是教师队伍中出现比较多的职业病。

颈源性头疼不能当普通头疼处理，一定要到专科治疗。要预防颈源性头疼，最好连续工作半小时左右就站起来活动活动，向前后左右方向转转脖子。游泳是预防该病的最好运动方式。此处，不建议出现了颈源性头疼者自行盲目按摩。

静脉曲张。讲课时教师动不动就要站上一两个小时甚至更长时间，有时他们还不时地走来走去，一天下来，有的教师的腿会肿胀起来，出现下肢静脉曲张。这是因为由于站立的时间太久，下肢静脉中的血液长时间不能向心脏回流，都淤积在腿和脚的静脉里，腿脚肿胀不说，腿上还会出现像蚯蚓一样的青筋。

教师站立时最好不要总是两条腿一起来支撑全身的重量，最好经常让两条腿轮流休息，比如，在课堂讲课时，可以尝试将身体重心交替由一只脚移到另一只脚上，始终保持一只脚处在休息状态。平时，加强双腿的运动，促进血液循环，如慢跑，或者多做双腿上下摆动练习。此外，按摩腿部也可以预防静脉曲张。下课回家后，多用热水敷腿、泡脚，做做踝关节的屈伸活动，也是很好的缓解方式。

咽喉炎。教师讲课时往往要讲很多话，尤其是在一些大教室里，不得不提高音量，话说得多，易导致喉部充血、肿胀，这是由于喉部负荷过重造成的。要想保有圆润的嗓音，最重要的就是修正讲话的方式，胸式呼吸改为腹式呼吸。此外，平时也可采取一些保养的措施：讲课中注意音量，避免太大声或急切地说话；课间休息时让声带也休息一下；常用温开水、薄荷口含片润喉，以刺激唾液分泌，润滑喉咙；少食辣椒等刺激性食物以及巧克力等糖分高的食物。尽量不要吸烟喝酒。少去烟尘多的场合。

痔疮。教师由于职业原因，经常会久站或者久坐，常常站累了坐下，坐下就不想起来，这对肛周健康十分不利。坐得太久，必将影响肛周的血液循环，久而久之成痔疮。批改作业和备课时不要长时间坐着不动，每隔 2 小时应进行一次约 10 分钟的活动，或自由走动或做操，避免发生痔疮。

心理问题凸显。教师也跟普通人一样，他们除了繁重的课业负担外，也要考虑人际关系、职称、家庭等一系列问题，这也使一些教师承受着巨大的心理压力，这往往导致他们出现紧张、焦虑甚至烦躁情绪。女教师面临的心理心理问题相对更加多见，她们更担心下岗、完不成教学任务等，这导致她们焦虑，压力增加，有的还出现了心理问题导致的躯体化症状。

要注意压力、生活、事业三者平衡，让生活中增加更多的情趣，发展业余爱好，尽量选择多接触大自然的活动，如爬山、郊

游等。二是饮食上，注意吃一些低盐、低脂的食品降低血糖。此外，在人际交往中要心态平和，调整好心态，坦然工作、开心生活。良好的精神状态可以减轻心理疲劳，消除疾病，即使累点也会身心轻松，健康。

# 第二节　情绪控制与调节

一个人如果能够控制自己的情绪、欲望和恐惧，那他就胜过国王。

——约翰·米尔顿

情绪是指人对事物或他人的一种态度的体验。情绪在很大程度上是人的行为自发形成的动力，它需要有目的、有意识地加以控制。教师在课堂上表现出来的喜、怒、哀、乐、忧、等情绪，会对学生产生很大的影响。与开朗活泼的教师朝夕相处，学生必然会受到积极情绪的影响，也会保持愉快向上的情绪状态。反之，如果老师经常是一副愁眉苦脸的样子或经常发脾气，学生必然会感受到压抑与沉闷。

现代社会，人们的生活压力越来越大，常常处于情绪不佳的状态，教师也不例外。经研究，消极情绪对我们的健康十分有害，不少人因此患上了这样那样的身心疾病。因此，我们常常需要与那些消极的情绪作斗争。而由于教师职业的特殊性，控制好自己的情绪就显得尤为重要。

罗伯·怀特说过："任何时候，一个人都不应该做自己情绪的奴隶，不应该使一切行动都受制于自己的情绪，而应该反过来控制情绪。无论境况多么糟糕，你应该努力去支配你的环境，把自己从黑暗中拯救出来。"

有一则著名的关于情绪的小故事：

有一个脾气很坏的小男孩，动不动就发脾气，令家里人很伤脑筋。

一天，父亲给了他一大包钉子和一只铁锤，要求他每一次发脾气后，必须用铁锤在他家后院的栅栏上钉一颗钉子。

第一天，小男孩就在栅栏上钉了30多颗钉子，但随着时间的推移，小男孩在栅栏上钉的钉子越来越少。他发现自己控制脾气要比往栅栏上钉钉子更容易些。

一段时间之后，小男孩不怎么爱发脾气了。于是父亲对他建议："如果你能坚持一整天不发脾气，就从栅栏上拔下一颗钉子。"又过了一段时间，小男孩终于把栅栏上把有的钉子都拔掉了。

这时候，父亲拉着儿子的手来到栅栏边，对他说："儿子，你做得很好，可是，你看看那些钉子在栅栏上留下的小孔，栅栏再也不会是原来的样子了。当你向别人发过脾气之后，你的言语就像这钉子孔一样，会在人们的心灵中留下疤痕。你这样做就好

比用刀子刺向别人的身体。无论你说多少次'对不起',那伤口都会永远存在。"

案例分析:

很多老师控制不好自己的情绪,图一时之快,大发雷霆,对孩子的心灵产生极大的负面影响。如果老师不愿意失去骄傲的"自尊",不愿意承认自己的过失,不愿逾越师生间的"鸿沟",那么与学生的距离只会越来越远。教师只有从观念上根本改变自己的意识,把学生视为与自己平等的个体,创造出宽松的育人环境,搭建起师生之间的桥梁,才能让孩子们感到幸福而不是痛苦,让孩子们感到快乐而不是伤心,让孩子们感到满足而不是失望,才能让孩子们的情感和智慧一起健康成长。

"一个人右能在战斗中横扫千军,然而征服自己的人才是最伟大的胜利者,""控制自己的情绪,不然它就控制你。"作为教师,对学生一次有意无意的伤害,就像那个小男孩,后来再努力拔去那些钉子,栅栏也不可能回到原来的样子,不良情绪不仅会让学生无所适从,受到伤害,也会让自己受到伤害。

据调查发现,社会上的成功人士之所以能够取得成功,不是因为其 IQ 比较高,而是因为他们都有着较好的情绪管理能力,能够适当的表达自己的情绪,特别是一些我们不是很喜欢的"负向情绪",比如愤怒这种情绪。

教师也是人,所以,也可能会受到愤怒情绪的控制,生活中如是，工作上亦然。

生活中，教师愤怒情绪的流露影响着周围的家人和朋友；工作中，教师愤怒情绪的流露则会影响着工作环境中的同事及学生。对于学校、对于课堂，教师愤怒情绪都将迅速波及到周围许许多多的人。

北京人民广播电台新闻热线节目曾播送过一条消息。消息报道说，某小学生随手把塑料袋扔进厕所，年轻的女教师盛怒之下强迫他把塑料袋拣回来含到嘴里。在一片谴责声中，这位教师被学校开除。

在教学课堂上，这种情绪的扩散与波及对这堂课的效果也起着至关重要的作用，甚至超过本节课内容的本身。一堂课中，如果教师能营造出积极、欢愉的情绪氛围，学生就能积极主动从心底上想学。即使他们平时成绩很差，甚至每次都不及格，但是他们还是能从这堂课上学得一些对自己而言有趣、有用的东西，虽然说也许他们获得的并非完全是老师所要表达的。对于教师而言，这种欢愉的氛围，首先让自己得到了满足，有点儿成就感，同时还能轻松地将本节的知识灵动的使学生掌握，事半功倍。

相反的，如果一堂课在压抑、郁闷的情绪控制下，学生如旱鸭听雷，蝇声洗耳，如坐针毡，别说是平时就有点跟不上的学生，就是本门成绩好的尖子，也都会出现不耐烦、抑郁的表现。对这，

做一名健康快乐的教师　第十章

179

上课的老师必然也是度分如年，总觉得 45 分钟漫长无期。这一节课上下来的结果可想而知。

教师，是一个特殊的行业。面对的是特殊的群体，从事的是特殊的工作——传道授业。这特殊的行业要求教师要有个特殊的"超能力"。那就是要比其他任何人都更能控制人的本能——情绪，尤其是愤怒情绪。

医学心理学不鼓励人们无限制地任凭情绪反应发展，也不认为"压抑"是适当的方法，但却赞同对于情绪作用有适当的控制。这里的控制，并非完全禁抑情绪的作用，而是要使情绪有适当的表现。许多人在心情不愉快时，会使自己陷入一种含有敌意的沉默当中。实际上，如果能把这种不快表达出来，便会感到某种真正的轻松和愉快。由于人们不可能完全避开苦恼，所以，如何把因不愉快的情绪而在体内继续的能量消耗于有利的方面而不致发生危害，这对于人的躯体和精神上的健康都是很重要的。

由于愤怒常常是突发性的情绪反应，在所有的情绪控制中，愤怒的控制是最难做到的，即使成人也会有"勃然大怒"的时候。但是，愤怒和其他情绪反应一样也是可以控制的。

首先，教师必须承认愤怒情绪的存在。例如有人惧怕黑暗，要想除去这种反应，先得承认他对黑暗有惧怕的心理。如果他认为那是丢人的事情而不愿承认，那么，他将无法克服那种恐惧。

同样，有些人怀有愤怒之心而又不肯承认有愤怒的存在，他就无从消除那些愤怒。对于人的情绪也是如此。

其次，教师可以采用一些有效的方法来控制愤怒。

1. 情境转移法

在平时的教学活动中，有许多事，诸如学生不写作业、上课说话、与同学打架斗殴、和老师顶嘴等等，都会使教师产生愤怒情绪。如果遇到这种情况，教师要尽量稳定情绪，延迟评价，以免刺激发怒。比如，可以出去走一走，听听音乐，或者和谈得来的同事在一起聊聊天，干点儿自己喜欢的事，心情就会好起来。独自走开，去冷静一下头脑，并且默默地对自己说，我现在正在气头上，如果我意气用事，或许会带来后悔莫及的结果。这对于在盛怒之下头脑不清的人尤为有用。

在极度愤怒的时候，不妨离开人群，让自己恢复平静再回来。有时自己的情绪无法控制，想发泄出来，那么可以先咽三口唾沫再说话，也是一个很简单控制不良情绪的有效办法。

2. 理智制怒法

当你动怒时，最好先想想以下问题中的任何一个：我为什么生气？这事或这人值不值得我生气？生气能解决问题吗？生气对我有什么好处？可以在即将动怒时对自己下命令：不要生气！坚持一分钟！一分钟坚持住了，好样的，再坚持一分钟！再坚持一分钟！两分钟都过去了，为什么不再坚持下去呢？用理智来控制

发怒的情绪反应。然后，自觉地用比较积极的视角去重新看待你生气的那件事。事实证明，换个角度对待使你生气的那件事，是极有效的息怒方法之一。对于任何一个事物，如果从不同的角度去观察，将会给人以不同的印象。很多从表面看是令人生气的事件，如果变化一个角度，以另外一种眼光去看，常可发现一些正面的、具有积极意义的东西。

3．评价推迟法

我们通常都有这样的经验，一件当时使你感到"怒不可遏"的事，过了一段时间后，就会感觉到已经不那么值得生气了。因此，当我们因为某件事情要生气时，不妨先把它放下，等过一个小时、一个星期甚至一个月之后再去想它。

这一点在上课时尤其重要。课堂教学是教师向学生传授知识的主要渠道，教学应紧紧围绕传授知识这一中心进行。而学生的注意力与兴奋点往往也习惯地集中在此。若教师急于马上解决突发事件，师生都无心理准备，既影响了突发事件处理的效果，又影响了教学计划的顺利实施。所以，教师应有很强的稳定自己及学生情绪的能力，将事件先搁置"冷冻"一下，延迟评价。

4．情感宣泄法

如果有的事情或人有充足的理由使我们发怒，这种情况下不妨坦率地把心中的不满讲出来，你就会发现心里会爽快一点儿。也可转移目标发泄出来，比如去打沙袋，或去跳健美操，都能减少愤怒对自身的伤害。但要注意情感的宣泄要以不损害他人的利益为前提，不可在情绪的支配下，作出过激的行为。

如果你不肯抛弃留存心中的愤怒，那么你应以不造成重大损害的方式来发泄愤怒。以一种更为健康的情感来取代使你产生愤怒的情绪。你很可能会继续厌烦、生气或是失望，但至少你可以消除那种不利精神健康的有害情感。

5．目标升华法

愤怒是一种强大的心理能量，如果能升华，它能带给人力量，甚至是激昂的生命力；如果使用不当，则可能伤人害己。因此，要注意更多地从大局、从长远去考虑事情，当遇到问题产生愤怒情绪时，应将其转变为成就事业的强大动力，切不可以眼前的区区小事计较得失，到头来"丢了西瓜捡芝麻"，妨碍自己对理想、事业的追求。

此外，善于运用保持幽默的方法、自我认知的方法、行为调节的方法、自我积极暗示的方法和自我宣泄的方法等对于控制愤怒情绪也有显著作用。

## 第三节　正视自我压力

人们最出色的工作往往在处于逆境的情况下做出。思想上的压力，甚至肉体上的痛苦都可能成为精神上的兴奋剂。

——贝弗里奇

压力，对于每一个人都不陌生。教师由于职业的原因往往承受着来自生活、家庭、教学，以及自身的压力。再加上近几年来，政府相关部门对教育事业的不断改革，教师面对新的政策和变化必然会产生新的压力。同时，媒体对教育教学的关注力度也越来越大，并造成了一定的舆论压力。

中青报社会调查中心与腾讯网教育频道联手开展了"中国教师健康状况调查"，通过对 51488 名教师进行的询问显示，仅 54.3% 的老师表示将会把教师作为终身职业。之所以出现有四成多老师计划跳槽的原因主要是"教师压力太大"。

当很多行业都实行 8 小时工作制的时候，调查显示，54.5%的老师每天工作 8 至 10 小时，26.2% 的老师工作时间甚至超过 10 个小时。

调查发现，教师的压力主要有以下几个方面：学生成绩（60.0%）、教学或管理任务重工作时间长（50.3%）、收入低（42.6%）、学生人身安全事故预防（41.6%）、无力照顾家庭（33.1%）、职称问题（27.6%）、发表科研论文的压力（19.7%）。

教师要正视自身压力，首先要明确各种压力产生的原因。大致有以下几种：

1. 社会压力导致的工作压力

随着社会的发展，随着独生子女家庭的增多，家长对教育的期望值越来越高。教师要充当知识的传授者、集体领导者、模范公民、纪律维护者和家长代理人等诸多角色，所以导致教师超负荷承担工作，体力和精神出现透支。目前，一方面，改革开放和竞争机制的引入，为教师的迅速成才提供了有利的条件；而另一方面，日益强化的功利观念与相对拮据的现实生活的强烈反差，使部分教师失落心理强烈，因此出现各种心理冲突和心理压力在所难免。

2. 工作压力导致的身心压力

从工作性质来看，教师的工作是培养人才的复杂的脑力劳动，既要教书，又要育人，创造性很强，这就造成了脑力上的高消费。一些学校为追求升学率，要求教师无偿加班加点，往往早上 7 时前到校，晚上 10 时后下班，很多教师根本没时间照看家人。据某市调查，教师的工作任务繁重，教师晚上的睡眠时间则显得不足，就寝时间在 10 时以前的只有 13.1%，在 10～12 时的，占 61.6%，在 12 时以后的占 25.7%，而且有 73.4% 教师在晚饭后到就寝这段时间都在干与教学有关的工作。一位老师这样描述自己的状态："只要一到学校，就觉得心里郁闷烦躁，生活没有乐趣。"大多数教师的工作时间和生活时间没有明确的界限，工作压力不容易消除。同时很多教师有病不请假、带病工作、疏于关心自己，积劳成疾。

**3. 生活压力导致的身心压力**

大多数教师独立性强，他们在事业上富有竞争性而不肯认输；在待人接物方面正义感强，对不合理现象深恶痛绝，不愿迁就和屈从，刻意追求自己的独立人格，追求完美，因而，易为他人所误解，这样就造成许多教师交往的障碍，人际交往障碍所导致的心理压力会影响教师的整体情绪，并波及他们的工作、学习与身心健康等方面。

过重的压力严重损害了教师的身心健康，影响了教师进行创造性工作的热情，对教育教学质量的提高和学生的健康成长更是有着较大的负面影响。因此，教师要学会正视和调节来自各方面的压力。

对于社会大环境来说，教师应充分认识到当前教育改革的不可逆转性，是大势所趋，故应以主动、积极的态势迎接改革，以比较理智和宽容的心态看待改革进程中暂时出现的矛盾和困难：教师可以选择性地尝试：

①直面现实社会，增强心理自调能力。课程改革是教育发展的必然，教师要以平稳、健康的心态直面它，主动地接受并适应它。

②直面失败挫折，努力提高自信勇气。每个人都不是天生的教育家，每个人都有一个成长的过程和走向成熟的过程，在适应

基础教育课程改革的过程中亦如此。教师要勇敢地接受挑战，要从失败和挫折中吸取教训，找出症结，寻求进取之策。同时，对于外界的不良刺激也不要过于计较，坚信"天生我才必有用"，最大限度地释放自身的能量。

③直面各种反差，始终保持良好心境。给自己一个客观的定位，确立一个合适的人生坐标，实实在在地自我开拓，恰如其分地展现自己的才华，脚踏实地地完善自我。特别要注意对缺点的修正和对优点的发扬，将自卑、无助的压力变为发挥优势、表现自我的动力，从自卑中走出自我、超越自我。

④直面竞争态势，善于缓解紧张心理。要有乐观的情怀、开阔的胸襟和敢于直面竞争、迎接挑战的勇气和信心。对于基础教育课程改革下的教师而言，不应当也不可能回避来自各方面的竞争，尤其是与同行教师的竞争。同时，还要倡导自我竞争，即新我与旧我的竞争。在不断否定旧我的过程中，积累真知，增长才干，完善自我，创造新我。"逆水行舟，不进则退"，只有做到"不用扬鞭自奋蹄"，才能在与他人的竞争中，保持可持续发展的、积极的态势，并在竞争中摔打自己、提炼自己，在竞争中得到自我超越和自我升华。

⑤主动协调人际关系。无论与谁相处，都要正确看待他人对自己的评说，不要在乎别人给自己贴的"标签"，如果对此

过于敏感、反而会阻碍自己成长的契机，束缚自己进步的手脚，影响自己事业的发展。要经常给自己心灵再生的机会，重塑一个崭新的、鲜活的自我，活出自己的生命意义，活出自己的人生价值。

⑥保持乐观向上心态。基础教育课程改革下，教师的角色正发生着根本性的转变。教师是学生学习的组织者、参与者，知识的点拨者、促进者，道德的引导者、示范者，思想的启迪者、疏导者，人格的塑造者、提炼者，教育实践的改革者、开拓者，的确是任重而道远，难免有压力感。教师要学会控制和调整自己的工作、生活节律，改变不良习惯，避免人为的精神紧张；学会妥善安排自己的工作、学习与家务，做到忙里偷闲，劳逸结合，以减轻心理压力，力争在激烈中求和缓，紧张中求松弛，宽松中求发展。

## 第四节　正视职业倦怠

在科学上没有平坦的大道，只有不畏劳苦沿着陡峭山路攀登的人，才有希望达到光辉的顶点。

——马克思

教师是一种高尚的职业，他们总是为了学生而默默地奉献着自己。他们是辛勤的园丁，他们是人类灵魂的工程师。然而，当学生的减负问题成为当今社会关注的焦点时，校园中的一部分老师却出现了职业倦怠的现象。

批改作业、制作课件、各种试题分析……已经成为教师们每天的必修课，待到考试来临，教师们更是牵肠挂肚，寝食不安。考好了，质量上去了当然不错，但是万一要是考"砸"了，教师的日子可不好过，平均分、优秀率、合格率和低分率……一串串的数字摆在眼前，学校领导不满意，家长更是不乐意，甚至还会将一腔怒火转到教师身上。这一切导致使教师经常处于高度的精神压力之下，出现职业倦怠成为必然。一旦教师出现职业倦怠现象。其表现不但影响到正常的教育教学工作，影响到教师本人的身心健康。而且会给学生的身心健康发展带来潜在的威胁。正如美国学者Dworkin（1987）所说："且不论教师职业倦怠对教师个体及学校组织产生什么样的后果。这些教师的学生才是最终的受害者和牺牲者。"

教师的职业倦怠通常表现为：精神疲惫，体力明显透支，对工作失去兴趣，缺乏工作热情和创新力；无成就感，感觉工作付出不少，但成绩不大，对事业追求失去信心；在工作上安于现状，不思进取，得过且过，盼望早日退休；在情绪上常常表现为焦躁不安，紧张，萎靡不振，效能感降低，甚至以一种冷漠疏远的感情对待学生等。造成教师职业倦怠的

原因主要有：第一，职业压力感。当今社会，教师承担的职业压力明显高于其他行业。教学成绩的排队，人事制度改革的推行，评聘分开竞聘上岗，教师聘用制，趋于复杂的师生关系、同事关系，学校内部竞争激烈，教师之间钩心斗角加剧，矛盾激化，难免加重教师的精神负担。第二，不合理考核。现在的教师考核制度不完善、不健全，不仅无法调动教师工作的积极性，反而使教师工作情绪越来越消极。第三，不民主管理。有的学校，管理者专制、"家长作风"等实际问题，这些都造成教师对工作产生逆反心理，产生职业倦怠。第四，不公平待遇。主要是不同学校教师待遇不同，或是同一学校教师待遇不同，给教师心理上带来影响。第五、课改的困惑。新课程改革的推行，使教师原有的知识结构和教学观念远不能适应教育教学的要求，常常感到力不从心，对所从事的工作渐渐失去兴趣，产生职业倦怠。

那么针对这些问题，教师应该如何面对来消除自身的职业倦怠呢？

第一，热爱本职工作。尽管教师每天从事的都是教育教学工作，然而教育教学本身是极具创造性，不仅教学内容和方法是动态的，而且所面对的学生也是有血有肉有情感的。在这充满活力的教学环境中，每一天都不可能是单一重复的。教师就应该不断开拓与探究，以唤起自己的工作热情。从这一点来讲，作为教师，千万不要作茧自缚，只关注生活中机械重复的一面，而忽视动态变化、生动活泼的一面。

第二，不断充实自己。不少教师出现倦怠心理是由于不适应课程改革的新理念以及学生发展的新特性。换句话说就是不能很好地接受并适应新课改。因而通过学习来更新自己内在固有的认知结构，最大限度地减少不适应是当务之急，也是行之有效的方法。

第三，增强自我效能感。自我效能感是指对自己工作是否有效的一种主观体验，能够对自己的努力结果产生实际的感受，是使自己不断受到鼓舞、保持乐观的工作态度的重要基础。主要有教育教学的成绩、教育科研的成果、学生成才的人数、社会家长对自己的评价等等。

第四，摆正自己心态。心态对于心理的健康发展有着明显的消极影响。教师通常都有着强烈的责任心，对于自己要求非常严格，对事认真，这些都是优点。但是从另一个角度上讲，具有这些人格特征的人却容易出现不良的心态。第一，抱着不现实的目标生活，苛求自己、苛求别人，其结果只能招来无休止的烦恼。第二，寻求绝对公平。现实生活中就没有绝对的公平。去寻求绝对的公平，就必然会遭遇更多的挫折。第三，以偏概全。把自己的优点或缺点扩大化，不能客观、全面地认识自己，有的因有一些成绩而居功自傲，有的因有一些才干而恃才傲物，有的因一次

失误而自怨自艾，把自己看得一无是处等等，这些都会影响自己的心情以及行为。

第五，参与课余活动。丰富的课余活动可以极大地改善一个人的心态，调节一个人的情绪。无论工作多么忙，都应该善于忙里偷闲，参与一些有益身心健康的活动，培养自己的业余爱好，在多彩的生活中增强自己的生活乐趣。生活的情趣可以对职业心理产生积极的影响。

第六，寻找宣泄场所。心情不好时，可以找同事朋友交往、沟通，找他人倾诉、宣泄，倾听别人的工作感受和经验是非常便捷的克服职业倦怠的方法。我们教师最好办法，拿起笔来叙述学校社会一些不良现象、不公正的行为，在网络上建立自己博客进行宣泄，展示学校管理中弊端，倾诉自己心中怨恨，提供给网友进行探讨，恳求网络进行帮助，从而达到放松自我的目的。

第七，谋求新发展。从事一种职业就有多种元素，在这多种元素中间，寻找一个平衡点，来满足自己的需要，千万不要钻进单一的死葫芦。

## 第五节　学会快乐地享受生活

太阳是幸福的，因为它光芒四照；海也是幸福的，因为它反射着太阳欢乐的光芒。

——高尔基

有许多教师把满腔的热血、亮丽的青春都献给了教育。"为伊消得人憔悴，衣带渐宽终不悔。"深夜凄风孤灯中朦胧定格的是教师批阅作业的身影，带病走上讲台的也是教师的身影。确实，伟大的教育事业需要教师赤诚的燃烧，需要教师血汗的滋润，否则，难以撑起冉冉上升的教育事业。但是，教师不是圣人，在把自己奉献给教育事业的同时，还要学会享受生活。一个不懂得快乐享受生活的教师，即使业绩在好，不懂得享受生活，也不能算是一个成功的教师。

要享受生活，首先要学会快乐。学会与自己快乐相处，让自己的心灵时时充满快乐，就犹如在心中开了一间"健心房"一样，常常走进去，为自己忙碌的心灵做按摩，把所有的烦恼都抛弃，唯独留给自己快乐。

快乐地享受生活，并不是想象得那么难。只要打开自己的感官，每天给自己留有一小段闲暇的时光，平素里再平凡不过的点点滴滴，只要静下心来细细品味，都会有无限回味。学生小小的

进步、自己的成功教学、同事间的经验互换……抑或是工作无关的，看窗外飘飞的柳絮、春日的暖阳、嗅着恬谧的生活气息，听听窗外鸟鸣的声音……都会让你的神经得到放松，让你感受到生活的美好和惬意。

享受生活，就要关注丰富多彩的生活，就要感受生活的斑斓、时代的风云，而不只是循环涂抹教室——办公室——宿舍单调至极的运行轨迹。月光的朦胧、泉水的丁冬、交响乐的优雅、看足球的呐喊……都应该融进你的生命！

享受生活，就要珍惜自己、善待自己、敬畏生命，用生活点燃生命，力求自己"生如夏花之绚烂，死如秋叶之静美。"

会享受生活就能还给学生真实的生活，才能培养学生"面对一丛野菊花而怦然心动的情怀"。就会呵护孩子的情感，就能关爱孩子的生命。教育才不会是驯兽式的冷酷。你关注的目光才会在孩子的心灵升起灿烂的太阳！